Birgit Neuhaus

Das FREIZEIT PFERD | Der FREIZEIT REITER

Birgit Neuhaus

Das FREIZEIT PFERD
Der FREIZEIT REITER

Rassen, Haltung,
Ausrüstung, Ausbildung

BLV

Danksagung

An dieser Stelle möchte ich allen Freunden und Bekannten danken, die in vielen Gesprächen mit ihren Ideen und Gedanken zum Inhalt dieses Buches beigetragen haben.
Ein ganz besonderer Dank gebührt meinem Mann, der mich immer wieder zum Weitermachen aufmunterte, und Frau Christiane Luhmann, die mir während der ganzen Entstehungszeit des Manuskriptes mit Rat und Tat zur Seite stand.
Ein herzliches »Dankeschön« auch an die Familien W. Becklönne, Ahlen, H. Holtappel, Münster-Gelmer, H. Koch, Riesenbeck-Birgte, D. Schulte-Wörmann, Havixbeck, und H. Schulze-Niehues, Warendorf 2, auf deren Anlagen ein Großteil der Fotos entstand.

CIP-Titelaufnahme der Deutschen Bibliothek

Neuhaus, Birgit:
Das Freizeitpferd – der Freizeitreiter: Rassen, Haltung, Ausrüstung, Ausbildung / Birgit Neuhaus. –
München; Wien; Zürich: BLV, 1990
ISBN 3-405-13880-9

Bildnachweis

Alle Fotos von der Autorin außer:
H. Bichlmeier S. 29
H. M. Czerny S. 25
G. Deubzer S. 2
Horstmüller S. 116r.
E. Jónsson S. 21
J. Kemmler S. 30, 31, 130, 131
Grafiken:
B. v. Damnitz S. 93, 142
J. Hickman, aus »Der richtige Hufbeschlag«, S. 82
U. Schramm S. 87
Umschlagfotos: Gustl Deubzer

BLV Verlagsgesellschaft mbH
München Wien Zürich
8000 München 40

Gesamtherstellung: Pustet, Regensburg

Printed in Germany · ISBN 3-405-13880-9

Inhalts-verzeichnis

Reitweisen 118

Die Arbeit an der Hand 132

Veranstaltungen und Treffen 139

Anhang 146

Freizeitreiten – was ist das?

Bevor man über das Freizeitreiten schreiben kann, sollte zunächst einmal abgeklärt werden, was Freizeitreiten eigentlich ist. Naheliegend wäre die Definition: Freizeitreiten ist Reiten in der Freizeit.

Bei näherer Betrachtung des Sachverhalts erweist sich diese etwas lapidare Erklärung aber als schwierig. Danach wären alle Amateure, die den Reitsport außerhalb ihres Berufes betreiben, Freizeitreiter. Dazu würden dann also auch beispielsweise Olympiateilnehmer gehören, die bekanntlich Amateure sein müssen, von all den vielen anderen Reitern, die am Wochenende von Turnier zu Turnier eilen und sich während der Woche in den Reithallen zu Trainingszwecken abmühen, ganz zu schweigen. Für diese Reiter hat sich inzwischen jedoch der Begriff »Sportreiter« eingebürgert.

Was also ist Freizeitreiten? Vielleicht kann man sich auf folgende Definition einigen:

Freizeitreiten ist jenes Reiten, das fernab der gewohnten Turnierplätze und oft auch außerhalb der Reithallen in der freien Landschaft betrieben wird. Im Vordergrund steht dabei nicht die sportliche Leistung von Pferd und Reiter, sondern vielmehr das harmonische Miteinander der beiden Partner. Entsprechend liegen auch die Schwerpunkte in der Freizeitreiterei anders als in der Sportreiterei.

Die Wertvorstellungen der Reiter in bezug auf ihr eigenes Können und das ihres Pferdes sind anders, und dementsprechend sind auch die Anforderungen an die Pferde und an deren Ausbildung andere als bei den Sportpferden. Damit in Zusammenhang steht auch oft eine andere Haltung und Unterbringung der Freizeitpferde.

Da Freizeitreiter ebenso wie Sportreiter oder wie auch alle anderen Menschen von Natur aus gesellig sind, hat sich in der Freizeitreiterszene ein lebhaftes Veranstaltungsgeschehen entwickelt. Getragen und organisiert wird es von verschiedenen Freizeitreiterorganisationen, die versuchen, den Wünschen und Vorstellungen ihrer Mitglieder entgegenzukommen. Im Sommer wird der Veranstaltungskalender in der Regel Ritte bereithalten, während im Winter die Theorie im Vordergrund stehen dürfte.

Im folgenden finden Sie alle jene Punkte zusammengefaßt, die den Freizeitreiter interessieren und die er wissen sollte, wenn er sein Pferd auf Dauer artgerecht halten und reiten möchte.

Der Freizeitreiter

Allgemeines

Der typische Freizeitreiter ist ein Individualist, der sich nicht gern in ein Schema pressen läßt. Dennoch sind einige Gemeinsamkeiten festzustellen.

Viele dieser Reiter haben in normalen Reitschulen oder -vereinen Reiten gelernt und die Vereinsreiterei dann irgendwann an den Nagel gehängt. Viele Gründe können hierbei eine Rolle gespielt haben. Einige fanden vielleicht die Bahnreiterei mit ihren Hufschlagfiguren, der Bahnordnung etc. zu langweilig. Andere konnten an der üblichen Turnierreiterei keinen Geschmack finden; sie sahen einfach keinen Sinn darin, sich und ihr Pferd für drei bis fünf Minuten den gestrengen Augen der Richter auszusetzen und dafür einen vergleichsweise hohen Trainings- und Organisationsaufwand zu betreiben. Manche suchten um ihres Pferdes willen nach neuen Möglichkeiten in der Reiterei, nachdem sie festgestellt hatten, daß sie und ihr Haflinger, Fjordpferd oder was auch immer bestenfalls als komisches Gespann bewertet wurden und sie es endgültig leid waren, sich und ihr Tier zu verteidigen oder ständig irgendwelche »Bombenangebote« abzulehnen, bei denen man ihnen »richtige Pferde« offerierte. Es gibt auch Reiter, die ihre Liebe zu einer Pferderasse entdeckten, mit der man im örtlichen Reitverein nichts anzufangen wußte, wie z. B. den Isländern. Wieder andere hatten mit ihren Pferden irgendwelche schwerwiegenden Probleme (z. B. Rükkenprobleme), die sich im Reitverein nicht lösen ließen. Diese Reiter probierten dann ihrem Pferd zuliebe vielleicht die Westernreiterei oder die sogenannte »leichte Reitweise« aus und blieben dort.

Anhand dieser Aufzählung könnte man zu der Auffassung gelangen, die Gruppe der Freizeitreiter sei lediglich ein Haufen frustrierter Sportreiter. Ich glaube jedoch nicht, daß das stimmt. Die Reiter, die ich getroffen habe und die in diese Gruppe gehören, machten auf mich einen alles andere als frustrierten Eindruck. Sie waren einfach nur konsequent ihren Weg gegangen, um für sich und ihr Pferd ein befriedigendes Betätigungsfeld zu finden. Viele andere gehen einen anderen, vielleicht einfacheren, sicher aber kostspieligeren

Weg, indem sie ihr Pony oder Problempferd verkaufen und sich ein neues Pferd anschaffen, mit dem sie aber oft nach einer gewissen Zeit auch nicht besser klarkommen.

Eine andere Gruppe von Freizeitreitern kennt unsere örtlichen Reitvereine, Reithallen und Reitschulen nur vom Hörensagen. Viele dieser Reiter haben es trotzdem geschafft, irgendwie mit sich, ihrem Gleichgewicht und ihrem Pferd zurechtzukommen. Häufig herrscht zwischen einem solchen Reiter und seinem Pferd sogar eine erstaunliche Harmonie, die jedoch weniger auf echtem Können des Reiters beruht, sondern sich mehr aus einer Art gegenseitigem Verständnis entwickelt. Problematisch, wenn nicht gar gefährlich, wird es dann, wenn der Reiter ein fremdes Pferd reiten muß oder eine Situation entsteht, in der seine Reitkunst nicht mehr ausreicht, um die Situation zu überblicken bzw. das Pferd zu beherrschen. Diese Reiter bilden jedoch die Ausnahme.

Viele Freizeitreiter, die eine Abneigung gegen den herkömmlichen Reitunterricht hegen, erwerben die nötige Sicherheit im Umgang mit Pferden und im Sattel auf andere Weise. Es gibt inzwischen regelrechte Freizeitreiterhöfe, die allgemeine Reitkurse, Kurse im Westernreiten oder im Reiten in der leichten Reitweise anbieten. Daneben gibt es auch speziellere Kurse wie z. B. Lehrwanderritte und Kurse, die Töltprobleme behandeln. Weiterführende Hinweise und Adressen sind im Anhang aufgeführt. Auf die Ausbildung von Freizeitreitern soll am Ende dieses Kapitels noch ausführlicher eingegangen werden.

Zusammenfassend kann man sicherlich sagen, daß das reiterliche Können von Freizeitreitern allgemein recht gut ist und Ausdrücke wie »Geländejuckler« oder auch andere, wie man sie immer wieder von Sportreitern hört, nicht gerechtfertigt sind.

Dem einen oder anderen stellt sich auch die Frage, woran man einen Freizeitreiter erkennt. Das, was ihn eigentlich ausmacht, ist seine Einstellung zu Pferden im allgemeinen und zum Reiten im besonderen. Aber auch das Äußere ist interessant, wobei es leichter ist zu beschreiben, wie er im allgemeinen *nicht* aussieht. Er trägt keine schwarzen Reitstiefel, keine helle Reithose, kein weißes Hemd, keine Krawatte, keine weißen Handschuhe, keine schwarze oder rote Reitjacke und meist keine schwarze Reitkappe. Das ist alles viel zu unpraktisch, da ständig dreckig!

Zur typischen Kleidung eines Freizeitreiters gehören eher dunkle Reithosen oder Jeans, dicke Pullover, Westen, Anoraks oder Reiterregenmäntel und feste Schuhe, wie Stiefel oder auch Knobelbecher. Wichtig für den Freizeitreiter ist, daß er »gut zu Fuß« ist, denn immer wieder kommt es vor, daß er neben seinem Pferd herläuft, sei es, weil er schon lange Zeit im Sattel saß und sich die Füße vertreten will, oder weil er eine verkehrsreiche Stelle passieren will und meint, es sei sicherer, das Pferd zu führen.

Außer diesen sehr unauffällig gekleideten Freizeitreitern, die ohne Pferd oft nicht einmal als Reiter zu erkennen sind, gibt es auch solche, die schon durch ihre Kleidung ganz deutlich zeigen, in welches Lager sie gehören. Zu dieser Gruppe gehören beispielsweise

die Westernreiter, die sich auch ohne Pferd »verraten«. Sie tragen Cowboystiefel, Chaps, großkarierte Hemden, Holzfällerjacken, spezielle Gürtelschnallen und – nicht zu vergessen – den Cowboyhut.
Ebenso meist auf den ersten Blick zu erkennen sind viele Islandpferdereiter. Sie tragen gern die schön gemusterten Islandpullover, die bei den Islandpferdereitern auch als offizielle Turnierkleidung zugelassen sind; passend dazu gibt es Mützen und Handschuhe.
Natürlich ist die oben genannte Kleidung weder für den Westernreiter noch für den Islandpferdereiter oder den Freizeitreiter ganz allgemein zwingend, vielmehr ist sie individuell völlig unterschiedlich. Da das Thema »Ausrüstung von Pferd und Reiter« aber sehr wichtig ist, wird ihm auf Seite 86ff. ein eigenes Kapitel gewidmet.

Die Ausbildung des Freizeitreiters

Bevor man Freizeitreiter werden kann, muß man zunächst einmal zum Reiter werden.
Die Grundausbildung des Reiters sollte möglichst im Reitverein oder in einer anerkannten Reitschule erfolgen, obwohl im Einzelfall vielleicht auch andere Lösungen denkbar sind. Im folgenden möchte ich diese Ansicht kurz begründen.
Spezielle Kurse für das Reiten von Gangartenpferden, im Westernreiten oder auch im Wanderreiten fangen in der Regel nicht bei Null an, sondern setzen bereits ein gewisses Können voraus. Hinzu kommt, daß diese Kurse meist in Blockform über mehrere Tage oder Wochen angeboten werden und dann bis zum nächsten Kurs ein selbständiges Weiterarbeiten erfordern. Dazu ist ein Anfänger jedoch keinesfalls in der Lage. Der künftige Freizeitreiter muß, bevor er an eine Spezialisierung in eine bestimmte Richtung denken kann, gleichsam eine Grundschule des Reitens absolvieren. Er muß lernen, mit seinem Gewicht, seinen Schenkeln und seinen Händen umzugehen, und er muß ein Gefühl für das Pferdemaul und die Reaktionen von Pferden entwikkeln. Neben der regelmäßigen Anleitung durch Pferdeleute, die ihr Handwerk verstehen, ist dazu von Zeit zu Zeit auch ein Pferdewechsel nötig, damit der Reitschüler lernt, sich verschiedenen Pferden anzupassen und auf sie einzugehen. Diese Möglichkeit ist am ehesten in einem Reitverein oder einer Reitschule gegeben, wo man über mehrere Schulpferde verfügt.
Des weiteren sollte man daran denken, daß erste Reitversuche oft etwas (oder auch sehr) ungeschickt ausfallen. Das kann auf Dauer auch dem großzügigsten Freund und Pferdebesitzer nicht gleichgültig sein, wenn es dabei um sein Pferd geht, ganz abgesehen davon, daß Schulpferde oft vieles wesentlich gelas-

sener hinnehmen als Privatpferde, die sich an einen bestimmten Reitstil gewöhnt haben.
Ein anderer Aspekt, der an dieser Stelle nicht unberücksichtigt bleiben sollte, ist die Tatsache: Lernen unter Gleichgesinnten macht einfach mehr Spaß, als sich ständig alleine abzustrampeln. Mit ihnen kann man Erfolge und Mißerfolge teilen und sich aneinander wieder aufrichten, wenn es einmal nicht klappen will. Solche Phasen macht früher oder später jeder Reitschüler durch, denn Reiten lernt man nicht von heute auf morgen. Da heißt es durchhalten und auch hin und wieder die Zähne zusammenbeißen. Mit dem Durchhalten soll allerdings keinesfalls das Aushalten in einem Reitbetrieb gemeint sein, von dem der Reitschüler einen schlechten Eindruck gewonnen hat, sei es, weil Schulpferde überlastet werden oder der Ausbilder die Anfängerstunde lediglich zur Erholung von der Trainingsarbeit mit den Turnierreitern nutzt.
Bevor man sich für eine Reitschule oder einen Reitverein entscheidet, sollte man sich mehrere Betriebe ansehen. Fast in jedem größeren Ort befindet sich heute ein Reitverein, und ein paar Kilometer mehr Fahrerei können sich letztendlich bezahlt machen.
Auch der Reitanfänger kann sich ein recht genaues Bild von einer Anlage machen, wenn er darauf achtet, ob alles einen gepflegten Eindruck macht, die Pferde vernünftig und sauber untergebracht sind und er sich davon überzeugt, daß der eigentliche Unterricht in entspannter, ruhiger Atmosphäre abläuft. Besonders günstig ist es, wenn für den Anfänger Longenstunden angeboten werden. Hier kann sich der Reitschüler ohne Angst davor, daß ihm das Pferd zu schnell werden könnte, in die Bewegungen des Pferdes einfühlen.
In ganz engem Zusammenhang zum eigentlichen Reitenlernen steht das Erlernen des Umgangs mit dem Partner Pferd. Dazu gehören das richtige Putzen, Satteln und Zäumen, die Versorgung nach dem Ritt, das Füttern und Tränken, die Pflege von Sattel und Zaumzeug sowie anderen Gebrauchsgegenständen, das Sauberhalten von Stall und Stallgasse etc. Das Reiten ist heutzutage keine vornehme Herrensportart mehr; also selbst ist der Mann bzw. die Frau.
Der eine oder andere fragt sich jetzt sicher, bis zu welchem Punkt er diesen Ausbildungsweg verfolgen soll. Grundsätzlich ist dazu zu sagen: Je mehr man kann, desto besser. Andererseits ist eine Grundschule natürlich irgendwann einmal abgeschlossen. Bevor man jedoch anfängt, alleine und ohne Anleitung durch die freie Natur zu reiten, oder bevor man speziellere Kurse belegen will, sollte die Reitausbildung so weit fortgeschritten sein, daß man einen zügelunabhängigen Sitz erworben hat und das Pferd in den drei Grundgangarten beherrscht. Abgesehen davon sollte man zumindest über Grundkenntnisse in allen Bereichen, die mit dem Reiten zu tun haben, verfügen.
Die meisten Reitvereine und Reitschulen bieten Lehrgänge zum Erwerb des Reiterpasses an. Diesen Reiterpaß kann man als eine Art »Führerschein für Pferde« auffassen. Bevor man daran denkt, sich reiterlich selbständig zu machen, sollte man diese Prüfung ablegen. Sie gliedert sich in einen praktischen und einen theoretischen Teil.

Im *praktischen Teil* werden folgende Fähigkeiten geprüft:

- Vorbereiten des Pferdes zum Ausritt (Putzen, Zäumen, Satteln),
- Reiten in allen Grundgangarten (Schritt, Trab, Galopp),
- Kolonnenreiten (nebeneinander, überholen, gegeneinander),
- Einzelgalopp von Punkt zu Punkt,
- Überwinden kleiner natürlicher Hindernisse (z. B. Kletterstelle, Wassereintritt),
- Wegreiten von der Gruppe,
- Straßenüberquerung,
- Versorgung des Pferdes bei Rast und Unfall,
- Springen im Gelände von 4 festen Hindernissen (bis 0,80 m hoch), aber nur auf Wunsch des Bewerbers.

In der praktischen Prüfung sind auch andere Reitweisen wie z. B. das Westernreiten zulässig.
Der *theoretische Teil* der Prüfung kontrolliert folgendes:

- Grundkenntnisse der Reitlehre (Sitz, Hilfen, Gangarten),
- Grundkenntnisse der Pferdehaltung (Pflege, Fütterung, Tränken, Anzeichen von Krankheiten, Giftpflanzen),
- Reiterliches Verhalten und Umweltschutz (Begegnung mit Fußgängern, Rücksicht auf Jagd, Land- und Forstwirtschaft),
- Reiten im Straßenverkehr (Reiten im Verband, Verkehrsregeln),
- Unfallverhütung (z. B. Ausrüstung von Reiter und Pferd, Verladen, Anbinden),
- Erste Hilfe für Reiter und Pferd (Verhalten bei Unfällen und bei akuten Erkrankungen des Pferdes),
- Rechtsvorschriften (Straßenverkehrsrecht, Reiten in Feld und Wald, Tierschutzgesetz, Tierhalterhaftung und -versicherung).

Diese Anforderungen für den Reiterpaß sind der Ausbildungs- und Prüfungsordnung (APO) der Deutschen Reiterlichen Vereinigung e. V. (FN), Ausgabe 1986, entnommen. Eine ähnliche Prüfung mit nahezu gleichen Anforderungen wird auch von der Vereinigung der Freizeitreiter in Deutschland e. V. (VFD) abgenommen. Diese Qualifikation nennt sich VFD-Reiterpaß.

Das Freizeitpferd

Unabhängig von seiner Größe und Rasse ist prinzipiell jedes Pferd, das gesund und charakterlich einwandfrei ist, als Freizeitpferd geeignet. Voraussetzung ist eine entsprechende Ausbildung. Es gibt jedoch bestimmte Pferde- und Ponyrassen, die heute in der Freizeitreiterei sehr beliebt sind. Einige dieser Rassen sollen dem Leser hier kurz vorgestellt werden.

Der Haflinger

Die ursprüngliche Heimat des Haflingers sind die Südtiroler Alpen. Benannt ist die Pferderasse nach dem Ort Hafling bei Meran.

Zunächst ein kurzer Überblick über die Zuchtgeschichte:

Die Rasse soll auf einen Schlag zäher Gebirgsponys zurückgehen, der bereits im späten Mittelalter schriftliche Erwähnung gefunden hat. Als eigentliches Geburtsjahr des Haflingers ist wohl das Jahr 1874 anzusehen. In diesem Jahr wurde der Hengst *249 Folie* geboren; er ist der Stammvater aller heute lebenden Haflinger. Sein Vater war der Halbblutaraber *133 El'Bedavi XXII,* seine Mutter eine Stute mit ebenfalls arabischem Einschlag. Zwei Söhne dieses Hengstes stellen die Begründer sämtlicher Hengstlinien der Haflinger-Zucht. Es sind dies der Hengst *14 Folie I,* geboren 1887, auf den sechs Hengstlinien zurückgehen, und der Hengst *252/233 Hafling*, geboren 1897, auf den eine Hengstlinie zurückgeführt werden kann. Die Linien sind nach den Anfangsbuchstaben der Namen der Linienbegründer bezeichnet. Da jeder mit diesen Hengstlinien konfrontiert wird, der sich mit der Haflinger-Rasse beschäftigt, sollen sie kurz aufgeführt werden:

- A-Linie: Sie ist begründet durch den Hengst *999 Anselmo,* der in direkter Linie auf *14 Folie I* zurückgeht.
- M-Linie: Sie geht auf den Hengst *Massimo* zurück.
- N-Linie: Sie geht auf den Hengst *Nibbio* zurück.
- ST-Linie: Sie geht auf den Hengst *1074 Student* zurück.

Diese drei letztgenannten Linien M, N und ST gehen über den Hengst *liz. 42 Mandl* ebenfalls auf *14 Folie I* zurück.

W-Linie: Sie geht über den Hengst *401 liz. Willi* in direkter Linie auf den Hengst *liz. 252/233 Hafling* zurück und ist somit die einzige Linie, die nicht über den Hengst *14 Folie I* führt. Ihr muß deshalb besondere Beachtung zukommen.

Außer diesen fünf Hengstlinien gibt es noch die B- und die S-Linie, die jedoch in Deutschland bedeutungslos sind.

Die Haflinger-Zucht in Deutschland fand in Bayern ihren Anfang. Dort wurde das handliche Gebirgspferd zunächst in der Landwirtschaft eingesetzt; aber auch die Wehrmacht fand für den Haflinger Verwendung, indem sie ihn hauptsächlich als Tragtier nutzte.

Bereits seit 1953 gibt es jedoch auch Haflinger in Westfalen. In jenem Jahr wurde der erste Haflinger-Hengst eingeführt. 1955 folgte dann die Eintragung der ersten beiden Haflinger-Stuten und die Errichtung eines Stutbuches für Haflinger. 1959 wurden schließlich die ersten in Westfalen gezogenen Stuten ins Hauptstutbuch eingetragen.

Neben dem Ursprungsland Österreich ist die Bundesrepublik Deutschland mit ihren Hauptnachzuchtgebieten Bayern und Westfalen wohl eines der bedeutendsten Nachzuchtländer. Allein in Westfalen gibt es zur Zeit etwa 1300 eingetragene Stuten, für die ca. 60 gekörte Hengste zur Verfügung stehen. Hier machen die Haflinger bereits einen Anteil von über 30% aller eingetrage-

Der Haflinger – ein ausgeglichenes Freizeitpferd.

nen Ponys und Kleinpferde aus. Laut Herrn Ing. Otto Schweisgut sollen wir in absehbarer Zeit einen Welt-Haflinger-Bestand von mindestens 1 Million Tieren erreichen.
Man kann sicher nicht über Haflinger schreiben, ohne kurz auf diesen Mann, der dieser Rasse sein ganzes Leben gewidmet hat, einzugehen. Von 1945 bis 1985 war er Geschäftsführer des Haflinger Pferdezuchtverbandes Tirol, und seit 1976 ist er Präsident der Welt-Haflinger-Vereinigung (WHV), der heute 12 Nationen angeschlossen sind. Einige andere Nationen halten engen Kontakt zur WHV, ohne zur Zeit Mitglied zu sein. Weltweit wird der Haflinger heute auf allen fünf Kontinenten in 34 Staaten gezüchtet.
So, nun aber genug der Zahlen!

Wer kennt sie nicht, die hübschen Füchse mit dem hellen Langhaar, die Blonden? Sie liegen in der Regel zwischen 1,36–1,48 m Stockmaß. Angestrebt wird jedoch eine allgemeine Widerristhöhe von 1,40 m und darüber. Pferde mit einem Stockmaß über 1,50 m kommen bereits vor. Bei einem Freizeitpferd mit breitgefächerter Verwendungsmöglichkeit werden an das Exterieur bestimmte Anforderungen gestellt:

Der Hals:	Er soll genügend lang und gut angesetzt sein, wobei die Ganasche nicht zu eng sein sollte.
Die Schulter:	Sie soll lang, schräg und gut bemuskelt sein, um ein schwungvolles, flaches, raumgreifendes Vortreten zu ermöglichen.
Der Widerrist:	Er soll gut ausgeprägt sein.
Der Rücken:	Er soll genügend lang sein.
Das Fundament:	Es soll trocken und korrekt sein.
Der Huf:	Er soll hart, rund und klar sein.

Diese Exterieuranforderungen entsprechen den immer wieder geforderten und lange Zeit vermißten Reitpoints. Inzwischen können jedoch die meisten jüngeren Haflinger diese Anforderungen an ihren Körperbau erfüllen. Mit diesem Zuchtfortschritt ging auch eine ständige Verbesserung der Rittigkeit einher.
Ein festverankertes Rassenmerkmal ist die Farbe. Es kommen nur Füchse aller Schattierungen mit hellem Langhaar vor. In Deutschland werden zur Zeit helle Füchse mit rein weißem Behang am liebsten gesehen.
Vom Charakter her ist der Haflinger grundanständig und, wenn er mit Unbekanntem vorsichtig vertraut gemacht wird, nahezu unerschütterlich, ohne dabei jedoch eine Schlafmütze zu sein.
Die Eigenschaften, die ihn früher in der Wehrmacht und der Landwirtschaft so beliebt machten, sind auch in der Freizeitreiterei von Bedeutung. Hierzu gehören außer seiner passenden Größe und dem angenehmen Temperament seine Trittsicherheit, seine Härte äußeren Umwelteinflüssen gegenüber und seine Genügsamkeit. Der Haflinger

ist ein sehr guter Futterverwerter, was jedoch auch bedeutet, daß er auf fetten Weiden schnell zu fett wird. Eine kontrollierte Fütterung ist also, wie bei allen anderen Rassen auch, nötig. An Kraftfutter braucht der Haflinger, abhängig von der geforderten Leistung, 1–3 Kilogramm täglich. Wird keinerlei Leistung gefordert, d. h. werden die Pferde nur am Wochenende geritten, reicht häufig schon der alleinige Weidegang aus.

In letzter Zeit wurde eine recht heftige Diskussion um die Reinzucht bzw. die Veredelungszucht mit Arabern geführt. Es sei unbestritten, daß beide Zuchtrichtungen sehr gute Pferde hervorbringen. Für den reinen Hobbyreiter eignen sich jedoch Reinzuchtpferde häufig besser, da sie im allgemeinen aufgrund ihres Charakters einfacher zu handhaben sind als Haflinger mit Araberblutanteil, wobei Ausnahmen die Regel bestätigen.

Das Fjordpferd

Das Fjordpferd wird auch als Fjording, Norweger und Vestlandhest (was soviel wie Westlandpferd heißt) bezeichnet. Ursprünglich stammt es aus der westlichen Gebirgslandschaft Norwegens, daher auch der Name »Vestlandhest«. Obwohl das Fjordpferd heute überall in Norwegen gezüchtet wird, stellt der gebirgige Südwesten von der Provinz Rogaland bis zum Romsdal nach wie vor das Hauptzuchtgebiet Norwegens für diese Pferderasse dar. Diese karge Gebirgslandschaft hat das Fjordpferd in allen seinen rassetypischen Merkmalen geprägt. Auch heute noch werden Zuchtpferde und Jungpferde in die Berge entlassen, wo sie weitgehend auf sich selbst gestellt zurechtkommen müssen.

Der heutige Norweger entstammt einer uralten Ponyrasse, die früher mit einem Stockmaß von nur etwa 120–130 cm wesentlich kleiner war als heute und bei der man häufig Braune antraf. Man nimmt an, daß dieser alte Fjordpferdeschlag der Vorfahr des Islandpferdes gewesen ist. Mitte des 19. Jahrhunderts versuchte man eine Vergrößerung des Fjordpferdes durch eine Einkreuzung von Dølpferdhengsten zu erreichen. Dieser Kreuzungsversuch schlug jedoch fehl, da die Nachkommen schwerwiegende Charakterfehler aufwiesen. Seit 1871 wird aus diesem Grund nur noch die Reinzucht betrieben. Dennoch gelang die erwünschte Vergrößerung der Rasse durch entsprechende Zuchtwahl.

Die gesamte Fjordpferdezucht geht über den Hengst *Njall 166*, geb. 1891, auf den Hengst *Gange Rolv I 42*, geb. 1874, zurück. *Njall 166* ist der Begründer der drei Hengstlinien, die heute in der Zucht des Fjordpferdes eine Rolle spielen. Es sind dies:

Hakon Jarl 645, geb. 1913
Bergfast 635, geb. 1912
Oyarblakken 819, geb. 1923

Von den drei genannten Linien ist jene des *Hakon Jarl* die bedeutendste, da dieser Hengst schon damals am ehesten

Die Fjordstute – träumend vor dem Ritt.

dem heute gewünschten trockenen, drahtigen Typ entsprach.

Bis 1900 etwa war die Zucht auf Norwegen beschränkt; danach wurde der Fjording auch in Dänemark vermehrt heimisch, das bis heute seinen Status als wichtigstes Nachzuchtland gehalten hat.

Die Hauptarbeitgeber des Fjordpferdes waren die Landwirtschaft und das Militär. Sie schätzten ihn als ideales Wirtschaftspferd wegen seiner Trag- und Zugfähigkeit, seiner Leichtfuttrigkeit, Gesundheit, Härte sowie Ausdauer und nicht zuletzt wegen seines oft unglaublichen Arbeitseifers.

Auch heute noch verfügt die norwegische Armee über 750 Pferde, von denen der größte Teil Norweger sind. Sie stellen in dem unwegsamen Gelände entlang der russischen Grenze die Versorgung der Soldaten sicher, wobei sie als Tragpferde mit bis zu 80 kg Gepäck Steilhänge hinauf- und herunterklettern und sich durch schnellfließende Bäche und Flüsse ihren Weg suchen. Als Zugtier vor in der norwegischen Armee gebräuchlichen Spezialschlitten zieht ein Fjording bis zu 300 kg Transportgut.

Diese Packpferdekompanie hatte über Jahrzehnte hinweg eine positive Wirkung auf die Zucht. Einerseits gab sie als sicherer Abnehmer von Jungpferden Anreize zur Zucht, andererseits wirkte sie auch als strenge Selektionsinstanz, die Mängel im Exterieur und im Interieur sichtbar machte, da nur Pferde mit eisenharter Kondition und einwandfreiem Charakter zunächst den Ausbildungsanforderungen und später den Dienstanforderungen genügen konnten. Leider sollen die Fjordings in Zukunft durch Hubschrauber und Spezialfahrzeuge ersetzt werden. Die Fjordpferdezucht wird heute in Norwegen von der »Norges Fjordhestlag« betreut. Die meisten Fjordhengste stehen im Besitz dieser Züchtervereinigung.

Erst relativ spät, nämlich nach dem zweiten Weltkrieg, kam das Fjordpferd in die Bundesrepublik Deutschland. Die Zucht wurde zunächst in Norddeutschland, später auch im Rheinland und in Hessen aufgebaut. Durch den Krieg war der einheimische Pferdebestand stark dezimiert worden, so daß ein echter Mangel an guten Wirtschaftspferden bestand. So wurden die Fjordpferde anfangs auch hierzulande in der Landwirtschaft und im Wein- und Obstbau eingesetzt. Für die in diesen Bereichen anfallenden Arbeiten wurden gerne Fjordpferde benutzt und gezüchtet, die wie Minikaltblüter wirkten.

Mitte der sechziger Jahre kam es dann zur Mechanisierung und Rationalisierung in der Landwirtschaft, was die Pferdehaltung in mittleren Betrieben unrentabel machte und viele Kleinbetriebe zur Aufgabe zwang. Es galt, einen neuen Aufgabenbereich für die Fjordpferde zu finden.

So begann die Umzüchtung zu einem Freizeit- und Familienpferd. Viele gute Eigenschaften brachte das Fjordpferd bereits mit: die passende Größe von etwa 135–148 cm Stockmaß, das ehrliche, angenehme Temperament, die Widerstandsfähigkeit, seine Gesundheit, seine Lernbereitschaft und seine Leichtfuttrigkeit. Der schwere Wirtschaftstyp war allerdings nicht mehr gefragt.

Zu dieser Zeit wurde Hessen zum Hauptzuchtgebiet des Fjordings in Deutschland, da hier schon länger der leichtere, trockene Reittyp etwa im Originaltyp des *Hakon Jarl* bevorzugt wurde. Kreuzungsversuche mit anderen Rassen, wie z. B. dem Araber oder dem Englischen Vollblut, brachten nicht die gewünschten Erfolge. Anstelle einer möglichst schnellen Verwirklichung des neuen Zuchtziels brachten sie Exterieur- und Charakterfehler. Deshalb war man gezwungen, eine Selektion innerhalb der Rasse vorzunehmen.

Das neue Zuchtziel, das heute immer noch gültig ist, sah etwa wie folgt aus:

Kopf:	Mit breiter, flacher Stirn; große, ausdrucksvolle, intelligente Augen; der Nasenrücken meist gerade oder leicht eingedrückt; die Ohren klein und auseinanderstehend.
Hals:	Kräftig und muskulös, aber doch genügend lang und ohne ausgeprägten Unterhals.
Widerrist:	Wenig ausgeprägt.
Rücken:	Relativ lang; das Fjordpferd ist ein ausgesprochenes Rechteckpferd; Gurtentiefe und Rippenwölbung sollen jedoch gut entwickelt sein.
Fundament:	Kräftig und trocken.
Fesseln:	Nicht zu kurz.
Bewegung:	Fleißig und raumgreifend, dennoch bequem.
Farbe:	Nur Falben mit zweifarbiger Mähne und Aalstrich, der ununterbrochen vom Schopf bis in den Schweif verläuft. Man unterscheidet folgende Farbnuancen:

- braunfalb: mit der Unterteilung hellbraun-, braun- und dunkelbraunfalb; schwarzer Aalstrich, Mähne und Schweif hell;
- rotfalb: mit der Unterscheidung hellrot-, rot- und dunkelrotfalb; Aalstrich schwach rötlich bis braun; Mähne und Schweif leicht ins Rötliche tendierend;
- hellfalb: hell mit schwarzem Aalstrich;
- gelbfalb: ebenfalls hell, aber der Aalstrich wie beim Rotfalben rötlich bis braun;
- graufalb: grau in allen Schattierungen; Graufalben gelten als besonders hart und widerstandsfähig;
- weiß: weiße Körperfarbe mit hellgelbem Aalstrich.

Die Falbfarbe und der Aalstrich sind zusammen mit der oft vorkommenden Zebrastreifung an den Vorderfußwurzelgelenken Zeichen uralten Wildpferde-Erbes. Man nimmt heute an, daß das Fjordpferd mit dem Przewalskij-Pferd und dem Tarpan verwandt ist.
Ein weiteres Erkennungsmerkmal des Fjordings ist die Stehmähne. Die Mähne wird gestutzt getragen, wodurch der Hals schnell schwerer wirkt als er ist. Man unterscheidet zwischen dänischer und norwegischer Frisur. Bei der dänischen Frisur werden die hellen Haare 2–3 cm kürzer geschnitten als die dunklen Mittelhaare, so daß die dunklen Haare als eigener Streifen zu sehen sind, da sie über den hellen Streifen hinausragen. Bei der norwegischen Frisur wird die Mähne einheitlich gestutzt. Von der Seite erscheint die Stehmähne dann weiß.
Obwohl die Fjordpferde bundesweit nur gut 5% des Kleinpferde-Gesamtbestandes ausmachen, haben sie sich unter den Freizeitpferden einen festen Platz erobert.
Züchter und Freizeitreiter bzw. Freizeitfahrer des Fjordpferdes in Deutschland haben sich in der Interessengemeinschaft Fjord e. V. (IGF) zusammengeschlossen und kooperieren eng miteinander.

Das Islandpferd

Das Islandpferd wird auch Islandpony oder einfach Isländer genannt. Wie der Name bereits verrät, ist seine Heimat Island, was soviel wie »Eisland« bedeutet. Die Insel liegt am Polarkreis im Nordatlantik und erstreckt sich über eine Fläche von 103 000 Quadratkilometer. Mit seinen rund 230 000 Einwohnern ist Island das am dünnsten besiedelte Land Europas. Fast die Hälfte der Bevölkerung lebt in Reykjavik, das Landesinnere ist nahezu menschenleer. Die Landwirtschaft wird geprägt von Gletschern und Vulkanen, von Geysiren, von baumlosen, unendlich scheinenden Landschaften mit Lava- und Geröllfeldern und von unberechenbaren, unschiffbaren Flüssen, die von Schmelzwässern gespeist werden und ständig ihr Flußbett und den Wasserstand wechseln. Diese einmalige Landschaft hat Island auch den Beinamen »Insel aus Feuer und Eis« eingebracht.

Besiedelt wurde das Land erstmals um das Jahr 874 von Kelten, die von den britischen Inseln kamen, und von Wikingern, die sich von Norwegen aus auf der Suche nach neuem Land befanden. Diese Seegermanen brachten in ihren Drachenbooten über 1000 km weit über das Meer Pferde nach Island. Diese Pferde sind die Ahnen des heutigen Islandpferdes.

Tier und Mensch waren aufeinander angewiesen; das Pferd stellte in diesem riesigen, endlosen, leeren Land die einzige Transportmöglichkeit dar. Ob man nun den Nachbarn besuchen wollte oder die Schafe umtreiben mußte, ob man sein Kind taufen ließ oder einen Handel in der Stadt abzuschließen hatte – nichts ging ohne das Islandpferd; es bestimmte das Leben des Isländers. So wurden denn auch Schiffe als Meerrosse bezeichnet, und noch heute bedeutet das Verb »fara« nicht nur gehen und fahren, sondern auch reiten. Die Einheit, die die Menschen mit ihren Pferden bildeten, zeigte sich auch darin, daß Streitigkeiten, die anderweitig nicht geregelt werden konnten, durch Pferderennen und Hengstkämpfe entschieden wurden.

Seit 930 war das Althing, das immer in Thingvellir abgehalten wurde, die gesetzgebende und gerichtliche Körperschaft. Auf so einem Althing etwa um das Jahr 950 herum wurde ein Einfuhrverbot für Pferde erlassen, das heute noch uneingeschränkt gültig ist. Ein Pferd, das einmal die Insel verlassen hat, darf nie und unter keinen Umständen zurückkehren. Man nimmt allerdings an, daß dieses Verbot etwa bis zum Jahr 1100 hin und wieder gebrochen wurde. Seit nahezu 900 Jahren wird das Islandpferd also rein gezüchtet und ist damit die älteste und vielleicht die einzige wirkliche Reinzuchtrasse der Erde. Der Isländer ist dementsprechend ein sehr urtümliches Pferd. In seiner Ursprünglichkeit erinnert es an eiszeitliche Felsmalereien in Europa.

Bei einem Stockmaß von ca. 128 bis 142 cm weist der Isländer einen stämmigen, kompakten, rundrippigen Körper auf mit relativ kurzem, kräftigem Rücken (Quadratpferd) mit abfallender, ebenfalls kräftiger Kruppe. Die Beine wirken recht kurz, aber stabil, die Gelenke und Knochen sind stark, die Hufe in der Regel hart und gut geformt. Der Kopf ist breit, keilförmig und etwas schwer mit kurzen Mausohren. Der Hals wirkt kurz und etwas massig. Das Deckhaar ist dicht und fest, das Winterfell dabei auffallend lang, geradezu bärenhaft. Isländer gibt es in allen Farben und Farbnuancen, auch kommen Schecken in allen Variationen vor.

Noch heute leben sie im halbwilden Herdenverband sommers wie winters draußen. Da es in Island kein Getreide gibt, müssen sie mit reiner Weide- bzw. Heufütterung auskommen und trotzdem unter dem Reiter Leistung bringen. Aus diesen Haltungsbedingungen ergeben sich die inneren Werte des Islandpferdes. Es ist widerstandsfähig und ge-

Islandpferd im Tölt unter dem Sattel.

nügsam, robust, gesund und ausdauernd. Oft erscheint es sehr temperamentvoll und selbstbewußt, ohne aber an Freundlichkeit, Zuverlässigkeit und Gutmütigkeit einzubüßen. Isländer sind sehr spätreif. Sie sollen erst fünfjährig angeritten werden, bleiben dann aber oft bis weit über das zwanzigste Lebensjahr hinaus voll einsatzfähig.

In Island werden nach wie vor die alten Reittraditionen gepflegt. Dazu gehört unter anderem das Handpferdereiten; d. h. der Reiter nimmt bei seinem Ritt mindestens ein weiteres Pferd mit, denn was hätte er früher in der endlosen Einöde machen sollen, wenn sich sein Reitpferd vertreten hätte? Auch war es bei den großen Entfernungen sinnvoll, die Pferde wechseln zu können.

Noch heute wird nach dem isländischen Takt geritten, und der geht so: In fünfzig Minuten werden durch flottes Reiten etwa 8 Kilometer zurückgelegt, anschließend folgt eine 10minütige Pause, in der die Pferde sich regenerieren können. Wenn man mit zwei Handpferden reitet, also insgesamt drei Pferde hat, die ständig gewechselt werden, kann man auf diese Art bis zu 10 Stunden reiten. Dabei kann man eine Entfernung von etwa 80 Kilometern zurücklegen, vorausgesetzt, die Pferde befinden sich in entsprechender Kondition. Reiten mehrere Reiter zusammen, läßt man die Handpferde einfach frei mitlaufen. Sie folgen dann ihrem Herdentrieb und bleiben bei der Gruppe.

Da Island keine Eisenbahn hat und lediglich über rund 12 000 km befestigter Straßen verfügt, übernimmt im Inneren des Landes oft auch heute noch das Islandpferd die Beförderung.

Islandpferde verfügen nicht nur über die Gangarten Schritt, Trab und Galopp, sondern über zwei weitere: Tölt und Paß.

Der Tölt hat die gleiche Fußfolge wie der Schritt, also rechts hinten – rechts vorne – links hinten – links vorne. Im Tölt ist ein klarer Viertakt zu hören, entsprechend der jeweils auffußenden Hufe. Das Gewicht des Pferdes und des Reiters wird dabei jeweils für den Bruchteil einer Sekunde allein von einem Fuß getragen. Die Geschwindigkeit kann von einem gering gesteigerten Schrittempo bis zur Galoppgeschwindigkeit variieren. Für den Reiter ist diese Gangart sehr bequem, da er nahezu erschütterungsfrei im Sattel sitzen kann.

Beim Paß fußen die Gliedmaßen der gleichen Seite nahezu gleichzeitig auf. Wie auch beim Trab gibt es eine Schwebephase, bevor die Gliedmaßen der anderen Seite auffußen. Es handelt sich also um eine Gangart in der Lateralen. Der Paß wird nur als Rennpaß geritten. Langsamer Paß ist ungewollt (»Schweinchenpaß«). Das Pferd wird vom Galopp aus in den Paß »gelegt«. Die traditionelle Entfernung für Paßrennen beträgt 250 m, wovon die ersten 50 m im Galopp geritten werden. Es gehört viel Erfahrung dazu, ein Pferd in den Rennpaß zu »legen«. Rennpasser sind in der Regel ausgesprochen temperamentvolle, gehfreudige, oft auch heftige Pferde. Aber nicht jeder Isländer geht Rennpaß; man unterscheidet deshalb zwischen Viergängern (mit Tölt) und Fünfgängern (mit Tölt und Paß).

Da die Übergänge zwischen Trab, Tölt und Paß fließend sind, gehört einige Erfahrung und gründliche Schulung durch anerkannte Lehrer dazu, einen Isländer gut zu reiten.

In Isländischen Pferde-Leistungsprüfungen wird das Exterieur nur mit 40% bewertet. Die übrigen 60% gelten Kriterien wie Gangarten, Charakter, Gehwillen, Präsentation unter dem Reiter. Viergänger und Fünfgänger werden getrennt gerichtet. Bevor die Richter ihr Urteil abgeben, wird das Pferd von mindestens einem der Richter geritten, so daß der Richter ein eigenes Gefühl für das zu beurteilende Pferd bekommt.

Die wichtigsten Pferdeleistungsprüfungen werden beim Landsmot abgehalten. Dieses größte Treffen der Reiter und Züchter in Island findet alle 4 Jahre statt und wird vom nationalen Reitclubverband ausgerichtet.

Wie aber kam das Islandpferd nach Europa?

In den fünfziger Jahren erlangte das Buch »Dick und Dally und die Ponys« von Ursula Bruns große Popularität. Die Geschichten boten die Vorlage für die erfolgreichen Immenhoffilme. In diesen Filmen waren das erste Mal Islandpferde zu sehen.

Gleichzeitig nahm in Island aufgrund der auch dort einsetzenden Mechanisierung der Pferdebestand ständig ab. Tausende von Fohlen wurden geschlachtet; da man keine Verwendung mehr für sie hatte.

Reiten »nur so zum Spaß« war damals in Island noch nicht geläufig. So kam es in der Bundesrepublik Deutschland und der Schweiz zu der Aktion »Rettet das Islandpferd«. Das Interesse an dieser Pferderasse war geweckt und vergrößerte sich ständig. Bücher wie »Heißgeliebte Islandpferde« und »Reiterträume«, beide ebenfalls von Ursula Bruns, taten ein übriges. In der Folgezeit wurde das Islandpferd zum Träger einer völlig neuen Reitideologie. Gedanken, die sich in Schlagwörtern wie

»Freizeitreiterei« und »Robustpferdehaltung« manifestierten, kamen auf und setzen sich durch, immer unterstützt und vorangetrieben durch Ursula Bruns, die damals die einzige »Fachfrau« in Sachen »Islandpferd« war. Sie war die Wegbereiterin all dessen, was heute als Freizeitreiterei bezeichnet wird. Kaum ein Freizeitreiter ist nicht in irgendeiner Weise von ihr beeinflußt.
Die Beliebtheit des Islandpferdes nahm immer weiter zu, wobei durch die Aktivitäten auf dem Kontinent die Isländer selbst auch wieder auf ihre Pferderasse aufmerksam wurden und in Island das Reiten als Freizeitbeschäftigung vorantrieben.
In der Bundesrepublik Deutschland kam es zur Gründung des Islandpferde-Reiter- und Züchterverbandes e. V. (IPZV) mit heute über 5000 Mitgliedern. Dieser Verband wird durch die FN betreut. Im Jahr 1969 wurde die Föderation Europäischer Islandpferde-Freunde (FEIF) in Aegidienberg bei Bonn gegründet. Ebenfalls in Aegidienberg richtete sie 1970 die erste Europameisterschaft für Islandpferdereiter aus. Seitdem finden diese Europameisterschaften alle 2 Jahre in ständig wechselnden Mitgliedsländern statt. Die FEIF betreut heute über 25 000 eingetragene Islandpferde außerhalb Islands und etwa 45 000 Pferde in Island.
Hier in der Bundesrepublik Deutschland gibt es eigene Turniere für Islandpferde, bei denen Prüfungen gemäß der Islandpferde-Prüfungsordnung (IPO) ausgetragen werden. Sie beinhalten Prüfungen wie Vier- und Fünfgang, Paßrennen, Töltprüfungen etc.
Die Isländer stehen heute an dritter Stelle der Bundesstatisik für den Kleinpferde-Zuchtbestand.

Das Shetland-Pony

Für viele ist das Shetland-Pony der Inbegriff des Ponys überhaupt. Seine ursprüngliche Heimat sind die nördlich von Schottland gelegenen Shetland-Inseln, auf denen es seit über 2000 Jahren vorkommt und wo es immer noch in reiner Freilandhaltung gehalten wird. Die Landschaft dort ist karg und felsig und stellt seit jeher große Anforderungen an die dort lebenden Ponys.
Shettys, wie sie liebevoll genannt werden, sind robust, genügsam, selten krank und extrem langlebig. Einzelne Tiere sollen schon vierzig Jahre und älter geworden sein. Shetland-Ponys sind die kleinste Pferderasse der Welt. Die angestrebte Größe liegt gemäß internationalem Standard bei 90–107 cm Stockmaß; kleinere Tiere werden als Mini-Shetlands bezeichnet. Trotz ihrer geringen Größe ist ihre Arbeitskraft erstaunlich. So können sie bis zu 60 kg Gewicht tragen, also theoretisch auch größere Reiter, was aus optischen Gründen allerdings nicht üblich ist. Als Zugpferd zieht das Shetty bis zum Zehnfachen des eigenen Körpergewichtes.
Bei aller Leistungsfähigkeit besitzen diese Ponys einen sehr guten Charakter. Sie sind gutmütig, lebhaft und klug,

zuweilen aber auch etwas eigenwillig. Wie alle anderen Pferderassen auch, gehören sie nicht ohne Aufsicht in die Hand von Kindern, da sie durch falsche, unsachgemäße Behandlung leicht verdorben werden können.

Shettys verfügen über ein gutes Fundament mit ausgeprägten Gelenken. Der Körper wirkt kompakt und gut bemuskelt, und seine starken Behänge sind eine wahre Zierde. Es kommen alle Farben vor, auch Schecken, allerdings überwiegen die Rappen.

In Deutschland werden Shetland-Ponys seit der Jahrhundertwende gezüchtet. Sie waren damit die erste britische Ponyrasse, die bei uns heimisch wurde. Bundesweit leben hier etwa 1400 eingetragene Zuchtpferde. Die Zuchtschwerpunkte liegen in Bayern, Schleswig-Holstein und Hannover. In der zweiten Hälfte der sechziger Jahre wurden amerikanische Shettys eingeführt und hier weitergezüchtet. Es handelt sich dabei um sehr edle Shettys, die vom Originaltyp, dem Verdauungstyp, recht stark abweichen. Sie wirken im Körperbau wesentlich eleganter und zeigen auch meist mehr Gangvermögen als die Ponys im Originaltyp.

Zuständig für die Shetland-Ponys ist neben den regionalen Ponyzuchtverbänden die im Mai 1987 gegründete Interessengemeinschaft der Shetland-Pony-Züchter.

Shetland-Ponys sind geeignete Freizeitpferde für Kinder und darüber hinaus ideale Beistellpferde für einsame Freizeitpferde, die sonst ohne Weidegenossen allein stehen würden.

Das Shetland-Pony – ein zuverlässiges »Kindermädchen«. Das Pony geht nur mit Halfter ohne Gebiß, das Mädchen reitet ohne Gerte oder Sporen auf einem einfachen Sattelkissen.

Das Connemara-Pony

Die Heimat des Connemara-Ponys ist die Provinz Connaught (Connacht) an der westlichen Atlantikküste Irlands nördlich der Galwaybai. Diese Ponyrasse ist ca. 138–148 cm Stockmaß groß und von mittelschwerem Kaliber. Die Schimmelfarbe ist vorherrschend, es kommen jedoch auch alle anderen Fellfarben vor.

Im Laufe der Zeit wurden bei den Connemaras viele Einkreuzungsversuche unternommen. So fließt im Connemara-Pony das Blut von Arabern, Andalusiern, vom Englischen Vollblut; aber auch vom Draughthorse, einem kleinen Kaltblut mit einem Stockmaß von etwa 150 cm. Daraus ergaben sich mehrere unterschiedliche Typen in der Connemara-Zucht. Man versucht allerdings seit einiger Zeit, eine Vereinheitlichung der Rasse zu erreichen. Seit ungefähr dreißig Jahren ist in Irland der sogenannte Clifden-Typ das erklärte Zuchtziel; dieser Typ stellt eine Mischform der verschiedenen Schläge dar. In Deutschland kann man noch zwei Typen voneinander unterscheiden. Auf der einen Seite steht der etwas leichtere, edle, vollblutgeprägte Typ, auf der anderen Seite ein etwas kompakterer, massigerer Typ.

In ihrer Heimat leben die Ponys bei jedem Wetter im Freien. Aufgrund der oft rauhen klimatischen Bedingungen und der spärlichen Futtergrundlage sind sie hart, leichtfuttrig und gesund.

Connemaras sind vielseitige Gebrauchsponys, die wegen ihres guten Springvermögens auch ausgezeichnete Jagdpferde abgeben. Hinzu kommt eine ebenfalls stark ausgeprägte Dressurbegabung. In größerem Umfang wurden Connemaras erst Mitte der sechziger Jahre nach Deutschland eingeführt. Sie sollten als Turnierponys für Jugendliche eingesetzt werden. Inzwischen haben sie sich jedoch auch als Freizeitpferde für Reiter und Fahrer aller Alters- und Leistungsgruppen vielfach bewährt.

Der Schwerpunkt der Zucht liegt im süddeutschen Raum.

Das Connemara-Pony eignet sich für junge Reiter genauso wie für jeden Freizeitreiter.

Der Welsh-Cob

Der Begriff »Cob« bezeichnet starke Ponys mit viel Kaliber und Substanz. Der Welsh-Cob wird innerhalb der Rasse der Welsh-Ponys in einer eigenen Sektion, der Sektion D, geführt. Er ist ein genügsames, größeres Gebrauchspferd aus der walisischen Bergwelt. In der Vergangenheit wurden andere Pferderassen wie z. B. Araber und Hackneys eingekreuzt, deren Blut die Welsh-Cobs geprägt haben.

Welsh-Cobs sind gute Wagenpferde, aber aufgrund ihrer allgemein guten Springanlage, der Trittsicherheit und ihrer natürlichen Instinkte auch geeignete Gelände- und Jagdpferde. Auffallend ist das enorme Gangvermögen dieser Rasse, das zustande kommt durch die freie, energische Aktion aus der Schulter heraus, die besonders im Trab sichtbar wird, und durch den kraftvollen Schub aus der mächtigen Hinterhand. Welsh-Cobs verfügen zudem über ein gutes natürliches Gleichgewicht. Aus diesen beiden Komponenten – Gangvermögen und Gleichgewicht –, gepaart mit ihrem verträglichen Wesen, ergibt sich die ausgeprägte Dressurveranlagung.

In der Größe schwanken Welsh-Cobs zwischen 137 und 158 cm Stockmaß. Die meisten Vertreter dieser Rasse liegen jedoch zwischen 140 und 150 cm Stockmaß.

Welsh-Cob, hier auf der Wippe im Training für eine Trailprüfung.

Der Araber

Der Araber wurde von den besonderen Gegebenheiten der arabischen Halbinsel geprägt: dem glühend heißen Klima, der kärglichen Pflanzenwelt und den extrem schwierigen Bodenverhältnissen. Diese Gegebenheiten zusammen mit ständiger In- und Inzestzucht ergaben ein Pferd von unglaublicher Härte, das fähig war, die größte Dauerleistung aller Pferderassen zu erbringen. Geradezu sprichwörtlich sind die Schönheit, Klugheit und Anhänglichkeit dieser Pferde. Trotz seiner charakterlichen Vorzüge ist er kein Pferd für Anfänger oder für Reiter, die lediglich am Wochenende etwas spazierenreiten wollen; als Freizeitpferd geeignet ist er statt dessen für Reiter, die neben ihren gehobenen Ansprüchen auch ein gehobenes reiterliches Können mitbringen neben der Bereitschaft, sich wirklich täglich intensiv um ihr Pferd zu kümmern.

Beim Wüstenaraber unterscheidet man drei Hauptlinien, die Kuhaylan, Saqlawi und Muniqi genannt werden.

Die Zucht in allen fünf Kontinenten hat das Arabische Vollblut verändert, teilweise einfach durch die veränderten Umweltbedingungen (Vergrößerung der Pferde), teilweise aber auch, weil nach eigenen Vorstellungen umgezüchtet wurde. Es entstanden Zuchtrichtungen wie die des Shagya- und des Anglo-Arabers. Reinblütige Araber tragen in ihrem Pedigree hinter ihrem Namen ein ox.

Typisch für die Araberrasse ist der Kopf. Im Profil erkennt man den typischen Hechtkopf mit dem leicht eingedrückten Nasenrücken. Die breite, gewölbte Stirn wird als Zeichen der Intelligenz des Arabers gewertet. Die Augen sind groß und ausdrucksvoll. Die feinen, sehr weiten und beweglichen Nüstern haben

Ein Araber, der Westernreitweise gemäß herausgebracht.

dieser Rasse den Namen »Trinker der Lüfte« gegeben. Insgesamt wirkt der Kopf kurz. Das Fundament ist extrem trocken.
Araber sind sehr gute Futterverwerter, da sie über eine sehr langsame, dafür aber gründliche Verdauung verfügen. In der Wüste mußten sie sich außer an die knappen Futterverhältnisse auch an große Temperaturstürze anpassen. Man kann sie deshalb noch bei den niedrigsten, bei uns vorkommenden Temperaturen als Robustpferd im Freien halten.
Der Araber ist bei richtigen Haltungsbedingungen langlebig und kaum anfällig für Krankheiten.
Am häufigsten kommen Schimmel vor, darunter auffallend viele Fliegenschimmel, aber auch die Fuchsfarbe ist sehr verbreitet. Andere Farben wie Braune oder Rappen kommen vor, sind aber seltener. Die Widerristhöhe beim Vollblutaraber beträgt meist um 150 cm Stockmaß.
In der deutschen Araberzucht kommt den drei Hengsten *Kaisoon, Hadban Enzahi* und *Ghazal* – alle drei Söhne des Hengstes *Nazeer* – eine besondere Bedeutung zu. Viele Vollblutaraber führen das Blut dieser Hengste weiter, teilweise sogar mehrfach.
Betreut wird die Araberzucht vom Weltaraberverband, der »World Arabian Horse Organisation«. Gegründet wurde die WAHO 1972. Mit 47 angeschlossenen Ländern ist sie die größte Pferdezuchtorganisation der Welt.

Das Quarter Horse

Das Quarter Horse ist eine der ältesten Pferderassen der USA. Diese Pferde wurden bereits von den ersten Siedlern in Rennen über eine Viertelmeile (400 m) geprüft. Daher kommt auch ihr Name, der übersetzt soviel wie »Viertelmeiler« bedeutet. Über diese Entfernung sollen sie bis zu 70 km/h schnell sein und sind damit über diese Distanz schneller als das Englische Vollblut.
1940 wurde die American Quarter Horse Association (AQHA) gegründet, die heute der größte Zuchtverband einer Haustierrasse ist. Es gibt zur Zeit ca. 2,5 Millionen (!) eingetragene Pferde in 50 Staaten der USA und in 61 anderen Staaten der Welt. Jährlich werden über 50 000 Fohlen registriert.
Das Quarter Horse ist ein massiges, rundrippiges Quadratpferd mit mächtiger, oft überbauter Hinterhand (Stock-Typ). Im Stockmaß liegt es etwa zwischen 150 und 155 cm. Dank seiner mächtigen Hinterhand ist es sehr wendig. Die herausragenden Gangarten sind der Schritt und der Galopp. Das Quarterhorse wird immer wieder als freundlich und gehorsam gerühmt.
Eine Besonderheit, die es als Hütepferd besonders geeignet macht, ist der sogenannte »Cowsense«. Quarter Horses scheinen vorherahnen zu können, was ein Rind im nächsten Moment tun wird.
Hier in der Bundesrepublik Deutschland ist diese Pferderasse noch nicht

Quarter Horse – das Westernpferd schlechthin.

sehr verbreitet, obwohl sie zunehmend Freunde gewinnt. Da sie heute jedoch weltweit die größte Freizeitpferderasse darstellt, darf sie im Rahmen dieser Aufzählung nicht fehlen, zumal der Bestand beim derzeitigen Aufschwung der Westernreiterei in den nächsten Jahren wohl zunehmen wird.

Die hiesigen Warmblutrassen

Nachdem nun Pferderassen aus aller Herren Länder vorgestellt worden sind, erhebt sich mit Recht die Frage nach einer im Pferdeland Deutschland gezüchteten Freizeitpferde»rasse«. Sind denn unsere Warmblutpferde nicht als Freizeitpferde geeignet? Ich möchte diese Frage nicht so kraß mit ja oder nein beantworten.

Alle bisher besprochenen Pferderassen wurden als reine Gebrauchspferde gezüchtet. Sie halfen den Menschen, ihre Arbeit zu tun und ihr Brot zu verdienen. Diese Pferde mußten auch ohne überragenden »Pferdeverstand« handhabbar sein, und sie mußten sich ohne besondere sportliche Leistung zuverlässig reiten oder fahren lassen. Gleichzeitig mußten sie in der Unterhaltung so sparsam wie nur möglich sein. Pferde, die diesem Zuchtziel entsprachen, sahen in Größe und Interieur notwendigerweise anders aus als jene, die für sportliche Hochleistungen im Dressurviereck und im Springparcours gezüchtet werden.

Warmblutpferde müssen, wenn irgend möglich, täglich geritten werden, wobei sie oft an die Fähigkeiten ihres Reiters höhere Ansprüche stellen als die Robustpferderassen. Hinzu kommt ihr

meist höherer Futterverbrauch. Ein weiterer Nachteil ist die Größe.
Ganz abgesehen davon, daß sich auch viele erwachsene Freizeitreiter auf kleineren Pferden wohler fühlen, ist es für Kinder aufgrund ihrer geringeren Größe kaum möglich, mit einem Großpferd umzugehen; das Satteln ist schwierig, das Aufzäumen wird, wenn das Pferd den Kopf hoch nimmt, für sie nahezu unmöglich.
Andererseits gehen viele Warmblüter in den Reitvereinen als Schulpferde und werden von ihren Reitschülern heiß und innig geliebt. Außerdem gibt es unter ihnen auch eine ganze Reihe absolut sicherer Jagdpferde, die ihre oft älteren Reiter gekonnt und routiniert über die Strecke bringen. Last but not least sollte man auch nicht vergessen, daß Warmblüter in beiden Weltkriegen unter dem Reiter und als Zugpferd unter schwierigsten Voraussetzungen Hervorragendes geleistet haben.
Wer also Warmblutpferde mag und auch als Freizeitreiter gerne so ein Pferd reiten möchte, sollte sich nicht abschrecken lassen. Er muß nur bei der Wahl seines zukünftigen Pferdes sein Ziel im Auge behalten, das vermutlich nicht größtmögliches Gangvermögen und sportliche Höchstleistung verlangt, sondern eher einen ruhigen Charakter, Nervenstärke und eine möglichst vielseitige Ausbildung auch im Gelände voraussetzt.
Oft werden kleinere Warmblüter um 160 cm Stockmaß oder darunter sehr preisgünstig angeboten, denn sie sind auf dem Sportpferdemarkt, da sie hier nicht so beliebt sind, nur schwer abzusetzen.
Bei entsprechender Behandlung und Ausbildung eignen sich viele von ihnen als Freizeitpferd.
Warmblüter sind genau wie die bisher besprochenen Pferde im Offenstall zu halten.

Das moderne Sportpferd. Das Exterieur des Zuchtpferdes ist durch einen großen Rahmen mit deutlich ausgeprägtem Widerrist gekennzeichnet.

Freizeitpferde müssen nicht nur durch Wasser, sondern mit ihrem Reiter durch dick und dünn gehen.

Grundsätzliche Eigenschaften des Freizeitpferdes

Nachdem nun einige Freizeitpferderassen vorgestellt worden sind, ist dem Leser sicherlich aufgefallen, daß sich bestimmte Eigenschaften ständig wiederholten.

Dazu gehören:

- Einwandfreier Charakter,
- Gesundheit,
- Härte äußeren Umwelteinflüssen gegenüber,
- Trittsicherheit,
- Leistungsbereitschaft bei möglichst ausgeglichenem Temperament,
- gutes Gangvermögen,
- ansprechendes Äußeres,
- die Fähigkeit, mitzumachen, und auch schwierige und unbekannte Situationen zusammen mit dem Reiter zu lösen, was eine gewisse Intelligenz und Selbstsicherheit voraussetzt (überängstliche Pferde sind als Freizeitkameraden ungeeignet),
- eine Größe, die es möglichst allen Familienmitgliedern erlaubt, mit dem Pferd umzugehen; meist wird diese Größe ca. zwischen 135 und 155 cm Stockmaß liegen.

Pferde, die diesen Anforderungen gerecht werden, sind bei entsprechender Ausbildung und Haltung als Freizeitpferde geeignet.

Anmerkungen zum Pferdekauf

Für den Reiter kommt irgendwann der Zeitpunkt, da er folgende Überlegung anstellt: Soll ich weiterhin Pferde reiten, die mir nicht gehören, oder soll ich mir ein eigenes Pferd anschaffen? Neben finanziellen Überlegungen und Fragen der Unterbringung muß der zukünftige Pferdebesitzer gewissenhaft prüfen, ob er wirklich – auch langfristig – die Zeit aufbringen kann, die ein eigenes Pferd erfordert. Das Pferd muß täglich versorgt und soweit irgend möglich auch bewegt werden, ganz unabhängig davon, ob man gerade müde oder gestreßt ist. Mit dem Füttern und Einstreuen allein ist es nicht getan – eine Aufgabe, die in vielen Pensionsbetrieben übernommen wird. Auch gilt es von vornherein zu überlegen, ob jemand anderes die Betreuung des Pferdes im Urlaub und im Krankheitsfall übernehmen kann.

Sind diese ersten Vorüberlegungen abgeschlossen, muß sich der Pferdekäufer darüber klarwerden, was er später mit seinem Pferd anfangen möchte. Vereinfacht gesagt: Möchte man tölten, ist man mit einem Fjordpferd schlecht beraten; möchte man lieber westernreiten, sollte man sich nicht unbedingt einen Isländer zulegen. Das Pferd muß zu seinem späteren Reiter passen.

Grundsätzlich gilt: Je unerfahrener der Reiter, desto erfahrener sollte das Pferd sein. Ein Reiter, der gerade die Grundschule des Reitens absolviert hat, ist noch nicht in der Lage, ein rohes Pferd auszubilden. Es hat auch keinen Zweck, daß der Reitanfänger ein rohes Pferd für ein paar Wochen oder Monate jemand anderem in Ausbildung gibt und dann erwartet, es in jeder Situation beherrschen bzw. nachreiten zu können. Zu viele solcher Experimente sind bereits kläglich gescheitert. Daneben sollten sich recht gute, langjährige, aber etwas ängstliche Reiter kein junges, in seiner Ausbildung noch nicht gefestigtes Pferd anschaffen. Selbst wenn sie meist in der Lage sind, auftretende Probleme zu lösen, so macht es ihnen voraussichtlich keinen Spaß.

Lieber sollten Reiter, die sich zu den hier angesprochenen Gruppen zählen, Ausschau halten nach einem etwas älteren, gesunden Pferd mit einer soliden Grundausbildung, das dann sofort voll einsetzbar ist. Da ein Wallach der spätreifen Robustpferderassen beispielsweise erst mit der Vollendung seines siebten (!) Lebensjahres als körperlich voll ausgereift gelten kann, sollte das gesuchte Pferd möglichst nicht jünger als sieben bis acht Jahre sein. Es sollte in

allen Gangarten angenehm zu reiten sein. Was heißt das nun?
Das Pferd sollte sein Gleichgewicht unter dem Reiter gefunden haben. Die Bewegungsabläufe in den einzelnen Gangarten sollen taktmäßig und raumgreifend und dabei angenehm zu sitzen sein. Gleichzeitig soll das Pferd soviel Vorwärtsdrang mitbringen, daß man es nicht ständig treiben muß, aber auch soviel Gelassenheit, daß es nicht ständig gegen die Hand geht. Weiter muß sich ein gutes Freizeitpferd sicher und scheufrei und damit verkehrssicher auch im freien Gelände sowie in geschlossenen Ortschaften reiten lassen.
Abgesehen von diesen Reitqualitäten soll das gesuchte Pferd auch über einwandfreie Manieren im täglichen Umgang verfügen. Dazu gehört, daß es weder beißt noch schlägt, sich anbinden läßt, problemlos die Hufe gibt und schmiede- und verladefromm ist.
Diese Pferde wachsen natürlich nicht auf Bäumen, man bekommt sie auch nicht »für 'nen Appel und 'n Ei«, aber es gibt sie – also schauen Sie sich um und fassen Sie sich in Geduld. Lassen Sie sich Zeit! Einen Reitkameraden möchte man doch lange Jahre haben, was machen da ein paar Wochen mehr oder weniger?
Es ist sinnvoll, möglichst frühzeitig, d. h. sobald man weiß, welche Pferderasse oder -rassen in Frage kommen, Kontakt mit den zugehörigen Interessengemeinschaften und Zuchtverbänden aufzunehmen. Oft stellen diese Organisationen kostenlos Verkaufspferdelisten ihrer Mitglieder zur Verfügung oder können einem Interessenten zumindest Züchteradressen vermitteln. Der Aufbau von Bekanntschaften und Freundschaften zu anderen Haltern des erwählten Freizeitpferdes wird dadurch sehr erleichtert. Wenn man viel Glück hat, ergibt sich eventuell sogar die Möglichkeit, an einem Wochenendkurs in einer größeren Zuchtstätte Pferde der ausgesuchten Rasse zu reiten und auszuprobieren. Auch ein Blick in die Fachzeitschriften kann bei der Suche nach dem eigenen Pferd hilfreich sein.
Am besten ist es, sich mehrere Pferde anzuschauen, um später Vergleichsmöglichkeiten zu haben; das gilt sowohl für die Pferde wie auch für den Preis. Im Zweifel sollte man immer daran denken, daß man ein paar hundert Mark mehr in ein, zwei Jahren verschmerzt hat und daß das schlechter ausgebildete oder gebaute Pferd genauso viel an Unterhalt kostet wie das bessere Pferd.
Sieht man sich ein Pferd an, sollte möglichst ein in der Pferdebeurteilung versierter Bekannter mitkommen, denn vier Augen sehen mehr als zwei. Zunächst wird man sich das Pferd an der Hand vorstellen lassen, um Gebäude und Gangwerk ohne Reiter beurteilen zu können. Ist diese Vormusterung zur Zufriedenheit des Interessenten ausgefallen, läßt man sich das Pferd vorreiten. Hat man danach immer noch Interesse an dem Pferd, probiert man es selbst aus. Man sollte ein Pferd niemals kaufen, ohne es selbst auszuprobieren, wozu auch das selbständige Putzen und Satteln und möglichst sogar das selbständige Holen von der Weide gehört. Auf diese Weise hat man die Möglichkeit, die Manieren des Pferdes hautnah zu erleben. Die Gefahr, später unliebsame Überraschungen zu erleben, ist dann wesentlich geringer. Bei der Vorbereitung zum Reiten sollte man noch

einmal verstärkt auf den Zustand der Hufe achten, da das bei der Vormusterung an der Hand häufig zu kurz kommt.
Sind Papiere vorhanden, sollte man sie bis in alle Einzelheiten mit dem Pferd vergleichen. Es kann natürlich passieren, daß der Verkäufer beleidigt reagiert, aber das sollte uns nicht weiter stören. Lassen Sie sich nicht einschüchtern, schließlich geht es um Ihr Geld und Ihre Freizeit.
Hat man die Wahl zwischen einer Stute und einem gleichwertigen Wallach, ist für einen reinen Freizeitreiter ohne Zuchtambitionen der Wallach oft besser geeignet. Wallache sind meist ausgeglichener als Stuten und sie haben keine Last mit der Rosse, während der Stuten teilweise zickig und im Extremfall nahezu unreitbar werden.
Bei einem Pferdekauf sollte man nicht nur auf das Pferd achten, sondern auch auf die Umgebung. Sind die Ställe sauber und gepflegt? Welchen Eindruck machen eventuell vorhandene, weitere Pferde auf Sie? Vorsicht ist auf jeden Fall geboten, wenn nur das Verkaufspferd ordentlich herausgebracht wird, während die anderen Pferde einen geradezu verlotterten Eindruck machen.
Versuchen Sie immer möglichst viel über das Verkaufspferd herauszubekommen. Warum wird es verkauft? Wie lange ist es im Besitz des Verkäufers? Wie viele Vorbesitzer hatte es? Wo liegen seine Stärken, seine Schwächen? Was frißt es besonders gerne? Hat es schlechte Erfahrungen gemacht? Welche Krankheiten hat es gehabt? Jede Information, und erscheint sie im Moment noch so nebensächlich, kann später vielleicht wichtig werden.

Hat man schließlich eine Entscheidung getroffen, sollte auf jeden Fall ein schriftlicher Kaufvertrag aufgesetzt werden, von dem beide Vertragspartner eine von beiden unterschriebene Ausfertigung bekommen. Beim Pferdekauf gilt die völlige Vertragsfreiheit, es gibt keine vorgeschriebene Form; somit wäre auch eine mündliche Abmachung oder gar ein Kauf per Handschlag, wie er teilweise auf Pferdemärkten heute noch üblich ist, rechtsgültig. Der schriftliche Vertrag hat jedoch den Vorteil, daß jeder direkt etwas in Händen hat, auf das er sich im Streitfall berufen kann.

Der Kaufvertrag sollte folgendes enthalten:

- Name und Adresse der Vertragspartner,
- genaue Beschreibung des Pferdes und seines Ausbildungsstandes,
- Kaufpreis, Zahlungsweise und Zeitpunkt der Zahlung,
- Zeitpunkt der Gefahrenübergabe,
- Transportkosten und -risiko,
- Ankaufuntersuchung mit Angaben zum vereinbarten Umfang und der Kostenverteilung,
- Garantien in bezug auf Untugenden und Krankheiten,
- Gerichtsstand,
- Ort und Datum,
- Unterschriften.

Für den Pferdekauf besonders interessant sind die §§ 459–496 BGB und dabei besonders der § 481 ff., der sich auf den Viehhandel bezieht.
Wie bereits erwähnt, gilt beim Pferdekauf eine völlige Vertragsfreiheit. Ein Schutz für den Käufer ist vom Gesetz-

geber lediglich in bezug auf die sechs sogenannten Hauptmängel gegeben. Dazu gehören

- Rotz
- Dummkoller
- Dämpfigkeit
- Kehlkopfpfeifen
- Koppen und
- periodische Augenentzündung.

Für diese Hauptmängel haftet der Verkäufer stillschweigend, d. h. sie müssen im Vertrag nicht extra aufgeführt werden. Die Gewährfrist für diese Krankheiten beträgt 14 Tage ab Übergabe der Gefahr, also in aller Regel ab Übernahme des Pferdes durch den Käufer. Eine Verlängerung der Gewährfrist kann beantragt werden, wenn die tierärztliche Diagnose durch weitere Untersuchungen gesichert werden muß. Eine Änderung der Gewährfrist ist laut § 486 BGB vertraglich möglich. Interessant wird diese Änderungsmöglichkeit, die also auch eine Verlängerung ermöglicht, wenn man bedenkt, daß z. B. der Hauptmangel Dämpfigkeit durch eine Cortisonbehandlung über Wochen, ja Monate hinaus nicht nachweisbar ist.

Die Anzeigefrist nach Feststellen eines Hauptmangels beträgt zwei Tage. Das bedeutet: Ein Hauptmangel muß spätestens 2 Tage nach Ablauf der Gewährfrist dem Verkäufer möglichst in schriftlicher Form per Einschreiben angezeigt werden.

Der Käufer hat außerdem die Möglichkeit, Klage zu erheben oder eine gerichtliche Beweisaufnahme zu veranlassen. Wird die Anzeigefrist nicht eingehalten, verliert der Käufer seine gesetzlichen Rechte.

Mit dem Ende der Gewährfrist beginnt die Klage- oder Verjährungsfrist. Sie beträgt 6 Wochen. Innerhalb dieser Frist muß Klage wegen des Hauptmangels erhoben und dem Verkäufer zugestellt werden, sonst erlöschen nach Ablauf dieser Frist die Ansprüche des Käufers (Verjährungsfrist).

Wird die Klage fristgerecht erhoben, besteht Anspruch auf Wandlung des Kaufvertrages, der Käufer kann den Kauf also rückgängig machen. Die Kosten (einschließlich Zinsen) für Fütterung, Pflege, Tierarzt und eventuelle Schlachtung muß der Verkäufer tragen. Dafür steht ihm der Schlachterlös zu.

Andere Krankheiten als die aufgeführten Hauptmängel und Untugenden können laut § 492 BGB als sogenannte Vertragsmängel in den Kaufvertrag aufgenommen werden. Wird hierfür keine besondere Gewährfrist vereinbart, verjähren die Gewährleistungsansprüche nach 6 Wochen ab Übergabe der Gefahr.

Folgende Krankheiten und Untugenden können beispielsweise als Vertragsmängel festgelegt werden:

- Chronische Bronchitis,
- chronische Koliken,
- chronische Lahmheiten wie z. B.
  - Schultergelenklahmheit
  - Spat
  - Hufrollenentzündung,
- Kleben,
- Steigen,
- Durchgehen,
- Beißen,
- Schlagen,
- Scheuen.

Ob die im Vertrag genannten Krankheiten vorliegen oder nicht, läßt man am

besten durch eine tierärztliche Ankaufsuntersuchung abklären.
Auch wenn die juristische Möglichkeit besteht, bei Schwierigkeiten mit dem neuen Pferd eventuell gegen den Verkäufer vorzugehen, sollte man sich darüber im klaren sein, daß die Beweislast beim Kläger liegt. Meist ist es nicht leicht nachzuweisen, daß ein Pferd eine bestimmte Unart schon vor dem Kauf aufwies und sich nicht etwas später durch unsachgemäße Behandlung angewöhnt hat. Das gleiche gilt entsprechend für Krankheiten. Auch sollte man nie vergessen, einem Pferd eine gewisse Eingewöhnungszeit einzuräumen. In dieser Zeit gibt es öfter Probleme wie z. B. schlechtes Fressen oder größere Schreckhaftigkeit, die sich später von selbst wieder legen.
Eine für den Käufer recht angenehme Variante ist der Kauf auf Probe, bei der man ein Pferd über einen vertraglich festgelegten Zeitraum hinweg auf der eigenen Weide und im eigenen Stall ausprobieren kann. Die meisten seriösen Verkäufer werden jedoch vor dieser Art Geschäftsabschluß zurückschrekken, da sie nicht wissen, wie der Käufer mit dem Pferd umgeht und in welchem Zustand sie es eventuell zurücknehmen müssen. Gerade gut ausgebildete und gerittene Pferde sind durch unsachgemäße Behandlung schnell zu verderben. Das Risiko für den Verkäufer ist also sehr hoch.

Unterbringung, Fütterung und Pflege

Die Stallhaltung

Boxenhaltung

Die hierzulande am häufigsten praktizierte Form der Stallhaltung ist die Boxenhaltung. Wenn man sein Pferd nicht in eigener Regie halten kann oder will und es einem Reitstall oder einem Bauern in Pension gibt, wird es wohl in über 90% aller Fälle in einer Box untergebracht. Als Besitzer sollte man darauf achten, daß die Box möglichst groß ist, im Idealfall bis zu 20 qm. Eine Faustregel, mit der man den Mindestplatzbedarf errechnen kann, lautet: Stockmaß mal zwei, das Ergebnis zum Quadrat. *Beispiel:* Ein Pferd mit einem Stockmaß von 1,50 m hätte also einen Mindestplatzbedarf von 1,50×2 = 3; 3 m zum Quadrat gleich 3 m × 3 m = 9 qm.
Die Box soll möglichst hell und luftig, aber zugfrei sein und eine möglichst hohe Stalldecke haben. Für Pferde am besten geeignet sind Außenboxen, da diese bei zweigeteilter Tür ein größtmögliches Angebot an Licht und frischer Luft zur Verfügung stellen, wenn man das obere Feld offen läßt.

In der Regel übernimmt der Betreiber des Pensionsbetriebes auch die Fütterung des Pferdes und das Ausmisten der Box.
Bevor man sich als Freizeitreiter jedoch für diese Art der Pferdehaltung entscheidet, sollte man sich vergegenwärtigen, wie die natürlichen Bedürfnisse eines Pferdes beschaffen sind.
Das Pferd ist ein hochspezialisiertes Lauf- und Herdentier. Seiner Spezialisierung als Lauftier entsprechend hat es ein starkes Bewegungsbedürfnis. Der gesamte Bewegungsapparat mit seinen Gelenken, Sehnen und Muskeln braucht Bewegung, um gesund zu bleiben. So brauchen beispielsweise die Gelenkknorpel für ihre Gesunderhaltung Bewegung, da nur durch den Bewegungsreiz die nötige Gelenkflüssigkeit gebildet wird. (Wer rastet, der rostet – dieser Spruch gilt auch für Pferde!)
Aber nicht nur der Bewegungsapparat muß regelmäßig bewegt werden, um leistungsfähig und gesund zu bleiben. Ein Großteil aller heutigen Pferdekrankheiten beruht auf Bewegungs-

Kontakt zur Außenwelt und viel frische Luft sind für das Wohlbefinden der Pferde notwendig.

mangel. Ein gutes Beispiel dafür sind die Atmungsorgane. Sie sind, wie es bei einem Lauftier sein muß, besonders leistungsfähig. Das Pferd kommt in Ruhe mit ca. 8–14 Atemzügen pro Minute aus. Bei Anstrengung kann die Zahl der Atemzüge auf 80–90 pro Minute und mehr ansteigen. Entsprechend sieht es mit der an der Atmung beteiligten Luftmenge aus. Atmet das Pferd in Ruhe 40–50 Liter Luft pro Minute ein und aus, so kann es die pro Minute gewechselte Luftmenge bei angestrengter Arbeit auf etwa 450 Liter erhöhen und damit verzehnfachen.

Diese Atmungsorgane sind allerdings auch extrem empfindlich. Durch Verschmutzung der Stalluft, z. B. aufgrund von Staub, und durch die Ausdünstungen der bei der Boxenhaltung allgemein üblichen Matratzenstreu mit ihrem hohen Urin- und Kotgehalt kommt es immer wieder zu Atemwegserkrankungen wie chronischer Bronchitis und Lungendampf. Hinzu kommt, daß sich die Bronchien von Pferden sehr schnell zusetzen und verschleimen, wenn das Pferd nicht täglich dazukommt, tief durchzuatmen, wie es beispielsweise bei einem längeren Galopp der Fall ist.

Ein weiteres Problem stellt beim Pferd die Verdauung dar. Der Pferdemagen ist im Vergleich zur Körpermasse sehr klein. Der Darm ist extrem lang und muß ständig zusammengezogen und auseinandergedrückt werden, da er bis auf den Blinddarm nicht selbst kontraktil ist. Diese Arbeit leistet die langsame Vorwärtsbewegung beim Grasen. Pferde auf der Weide sind täglich 12 bis 16 Stunden mit dem Grasen beschäftigt, wobei die einzelnen Freßperioden immer wieder von Ruhepausen unterbrochen werden. Unterbleibt diese regelmäßige, langsame Bewegung und wird nur zweimal oder höchstens dreimal täglich, dann aber reichlich, gefüttert, kann es zu Verdauungsbeschwerden kommen, die sich unter anderem in Koliken zeigen können.

Pferde brauchen Bewegung jedoch nicht nur, um physisch gesund zu bleiben. So kann es, wenn sich der Bewegungstrieb aufstaut und nicht ausgelebt werden kann, zu Übersprunghandlungen, wie z. B. Weben und Koppen, und damit zu Verhaltensstörungen kommen.

Pferde sind jedoch nicht nur Lauftiere, sondern auch Herdentiere. Sie brauchen ein festes Sozialgefüge, in dem sie innerhalb der Rangordnung ihren Platz haben. Dieses Sozialgefüge vermittelt

ihnen Sicherheit. Außerdem brauchen sie die Möglichkeit, Körperkontakt zu Artgenossen aufzunehmen, wie es beispielsweise bei der gegenseitigen Fellpflege geschieht.
Inwieweit wird nun die Boxenhaltung den Bedürfnissen der Pferde gerecht? Sie gibt den Pferden meist zu wenig Kontaktmöglichkeiten zu ihren Artgenossen. Oft kann ein Boxenpferd seinen Nachbarn wegen der Trennwände kaum sehen. Körperkontakt, wie gegenseitiges Fellkraulen, ist fast immer völlig ausgeschlossen. Die Boxenhaltung gibt den Pferden keine Möglichkeit, sich selbständig genügend zu bewegen. Selbst wenn das Pferd 1 Stunde täglich geritten wird, steht es bei reiner Boxenhaltung immer noch 23 Stunden eines Tages im Stall, was man kaum als artgemäße Haltung bezeichnen kann. Ganz davon abgesehen sind aus vorgenannten Gründen das Auftreten von Erkrankungen des Bewegungsapparats, Verdauungsstörungen, Atemwegserkrankungen und psychische Schäden nur eine Frage der Zeit. Was also ist zu tun?

Innenboxen sollten den Pferden erlauben, Kontakt zueinander aufzunehmen.

Wenn man sein Pferd nicht selbst mindestens 3 Stunden täglich bewegen kann, müssen entweder andere das Pferd mitbewegen oder man muß ihm Gelegenheit geben, sich am Konditrainer – einer Führmaschine, bei der mehrere Pferde im Kreis bewegt werden – die Füße zu vertreten. Eine andere, wesentlich bessere Bewegungsmöglichkeit stellt der stundenweise oder halbtägige Weidegang dar, der, wenn andere Stallgenossen dabei sind, einen idealen Ausgleich zur Boxenhaltung schafft, da er den Bedürfnissen des Pferdes weitestmöglich entgegenkommt.
In diesem Zusammenhang stellt die Boxenhaltung den Freizeitreiter jedoch vor ein Problem: Im Sommer, wenn es abends lange hell und das Wetter gut ist und der Reiter Zeit und Lust zu reiten hat, müßte er es nicht unbedingt, da dem Pferd durch den Weidegang ohnehin ein Ausgleich geboten wird. Im Winter jedoch, wenn es abends dunkel und das Wetter schlecht ist, können die meisten Freizeitreiter nur am Wochenende reiten, obwohl die Pferde den ganzen Tag über in der Box stehen; oder sie sind gezwungen, zur nächsten Reithalle zu fahren oder zu reiten und ihren Pferden dort die nötige Bewegung zu verschaffen. Hinzu kommt, daß Pferde, die einen ganzen Tag oder noch länger in der Box gestanden haben, übermütig und unausgeglichen sind. Als Folge steigt das Unfall- und Verletzungsrisiko für den Reiter und nicht zuletzt auch für

Unbeteiligte wie Spaziergänger und Autofahrer stark an, wenn man ausreitet oder sich auch nur zur Reithalle gegenüber begibt.
Es stellt sich also die Frage nach einer für den Freizeitreiter im Vergleich zur Boxenhaltung günstigeren Alternative. Hier bietet sich die Gruppen-Auslaufhaltung mit Offenstall an.

Offenstallhaltung

Bei dieser Form der Stallhaltung werden zwei oder auch mehr Pferde ganzjährig den ganzen Tag über in einem Auslauf, in dem sie sich frei bewegen können, gehalten. Die Pferde bekommen soviel Licht, frische Luft und Bewegung, wie sie wollen, und können nach Belieben Kontakt zu den Mitgliedern ihrer Herde aufnehmen. Unter diesen Bedingungen ist der Reiter nicht mehr gezwungen, sein Pferd noch täglich zusätzlich unter dem Sattel zu bewegen, obwohl er es natürlich so oft wie möglich tun sollte.
Als Schutz vor Witterungseinflüssen dient der Offenstall, den die Tiere je nach Bedarf aufsuchen können. Um diese Haltungsform zu verwirklichen, können sich mehrere Pferdehalter zu einer sogenannten Haltergemeinschaft zusammenschließen, die Kosten und Arbeit teilt und die Pferde als Mini-Herde zusammenleben läßt.
Prinzipiell ist jedes Pferd für diese Robusthaltung geeignet. Pferde sind die Haustiere mit der größten Kälte-Hitze-Toleranz. Solange man ihnen einen trockenen, zugfreien Ort zur Verfügung stellt (Offenstall), schadet Kälte gar nicht. Gegen die Kälte des Winters wächst das Winterfell mit relativ langem Oberhaar und dichten, unteren Wollhaaren, welche die Nässe nicht bis auf die Haut kommen lassen. Außerdem bildet sich in der Unterhaut eine Fettschicht, die ebenfalls der Wärmeisolierung dient. Abgesehen davon ist die Körperoberfläche eines Pferdes im Vergleich zu seinem Körpergewicht bzw. seiner Masse gering, was es gegen Kälte zusätzlich noch wesentlich weniger anfällig macht als den Menschen.
Voraussetzung für eine gesunde Robustpferdehaltung ist jedoch, daß man das Schneiden und Verziehen der Behänge unterläßt. Die Schweifglocke dient als »Regendach« dem Schutz der empfindlichen Weichteile, und der Fesselbehang leitet das Regenwasser von der Fesselbeuge ab.
Die Umstellung eines Boxenpferdes auf diese Form der Stallhaltung kann natürlich nicht mitten im Winter erfolgen. Sie vollzieht sich am besten langsam und fließend während der warmen Sommermonate.
Offenstall und Auslauf sollten am höchsten Punkt des zur Verfügung stehenden Areals angelegt werden, da es hier am trockensten ist. Zu beachten ist, daß der Stalleingang grundsätzlich entgegen der Hauptwindrichtung angebracht werden muß.
In der Mehrzahl besteht die Grundkonstruktion aus Vierkanthölzern. Die Stützbalken werden in Betonfundamente gesetzt oder mit Bodenankern befestigt. Für die Wandverkleidung haben sich Schwartenholz und Schalbretter bewährt. Als Schwartenholz wird die oberste Schicht des Baumstamms mit der Rinde bezeichnet. Die Schwarten müssen so verarbeitet werden, daß sie

fischschuppenartig übereinandergreifen, da sonst wegen ihrer unregelmäßigen Breite Lücken in der Wand entstehen. Bei den Schalbrettern sollte man jeweils dort, wo zwei Bretter zusammenstoßen, noch ein drittes Brett darübernageln, um Zugluft zu vermeiden. An den Innenwänden können außerdem Hartfaserplatten angebracht werden, die eine zusätzliche Isolierung gewährleisten. Zur Wetterseite hin sollte man den Stall mit Ondulineplatten oder Teerpappe versehen. Diese Materialien sind witterungsbeständig und, da sie sich durch Nägel anbringen lassen, leicht zu verarbeiten.

Die einfachste Dachkonstruktion besteht in einem Flachdach mit leichter Neigung, einem sogenannten Pultdach, das den Abfluß des Regenwassers sicherstellt. Das Regenwasser sollte über eine Regenrinne abgeleitet werden. Eternit-Wellplatten sind gut geeignet, um ein solches Dach zu decken.

Der Eingang zum Offenstall muß so angelegt werden, daß kein Pferd den Zugang für die anderen verstellen kann. Entweder muß er also breit genug sein, oder es kann sich, wenn der Stall genügend lang ist, rechts und links je eine Öffnung befinden. Günstig ist es, wenn der Eingang einfach durch Rundhölzer zu verschließen ist. Auch innerhalb des Stalles sollte eine Möglichkeit geschaffen werden, mit Rundhölzern eine Unterteilung herzustellen; das hat den Vor-

Gesamtansicht einer Offenstallanlage. Vorne der als Reitplatz zu benutzende Auslauf, im Hintergrund der Durchgang zum Offenstall.

Innenansicht eines Offenstalls mit voneinander getrennten, frei zugänglichen Freßständen.

teil, daß im Notfall ein Pferd im Stall isoliert werden kann. Der Wert einer solchen Einrichtung zeigt sich dann, wenn Krankheitsfälle auftreten, die einen längeren Stallaufenthalt nötig machen, wenn es zu Unverträglichkeiten in der Herde kommt und es sinnvoll ist, Streithälse zu trennen, oder wenn ein Gast sein Pferd unterstellen möchte.

In der Regel wird man für einen hier beschriebenen Stall Fichten- oder Tannenholz wählen, da Buchenholz zu stark arbeitet, sich also verzieht, und Eichenholz zu teuer ist. Das Holz sollte möglichst gut abgelagert sein. Ein Preisvergleich bei mehreren Händlern lohnt sich fast immer.

Besondere Aufmerksamkeit ist dem Boden des Offenstalls zu widmen. Er soll warm sein und den Pferden auch die Möglichkeit geben, sich hinzulegen. Außerdem sollte er 15–20 cm über der Höhe des Auslaufs liegen, um einen zusätzlichen Nässeschutz zu gewährleisten. Bei einem reinen Sandboden ist das am einfachsten: Man schüttet einfach zusätzlich Sand auf. Wird der Mist täglich abgesammelt, ist eine zusätzliche Einstreu unnötig. Alle paar Monate trägt man die oberste Sandschicht ab und füllt neuen Sand auf.

Bei schwererem Boden mit geringerer Durchlässigkeit wird der Boden 30 bis 60 cm tief ausgehoben und zunächst mit einer Schicht aus grobem Kies und dann mit Sand oder Sägemehl wieder aufgefüllt. Bei dieser Vorgehensweise soll trotz täglichen Abäpfelns der Sand oder das Sägemehl zweimal jährlich gewechselt werden. Der Freßplatz sollte vom eigentlichen Liegebereich getrennt werden und extra befestigt sein. Er muß gewährleisten, daß alle Pferde gleichzeitig fressen können. Entweder trennt man ihn einfach mit Hilfe einer kleinen Mauer, eines Blechs oder Holzbohlen entlang der Rückseite des Stalls als eine Art Raufe oder Trog ab, oder man bestimmt einen Teil des Offenstalls als Freßbereich. Der Freßbereich wird

Eine runde Heuraufe, die mehreren Pferden ungestörtes Fressen erlaubt.

ebenfalls ausgehoben und dann schichtweise mit 20 cm Kies und 5 cm Sand wieder aufgefüllt. Der Sand dient als Bett für die nun folgende oberste Schicht. Diese wird entweder von Pflaster-, Ziegel- oder Verbundsteinen gebildet oder aber von einer etwa 10 cm dicken Betonschicht, bei der man darauf achten muß, daß sie rauh genug ist, damit die Pferde nicht rutschen können. Dieser harte Untergrund bietet eine problemlose Reinigungsmöglichkeit. Besonders günstig ist es, wenn das Rauhfutterlager direkt an einen solchen Freßbereich angrenzt.

Vor dem Offenstall hat sich ein etwa 2 Meter breiter Pflasterstreifen bewährt, da dadurch die Einstreu sauberer bleibt und umgekehrt kaum Einstreu in den Auslauf geschleppt wird. Ein dicker, oben abgerundeter Balken als Streuschwelle direkt im Eingang verstärkt diese Wirkung noch. Besonders günstig ist es, wenn ein Vordach vom Offenstall bis über diesen Pflasterstreifen hinausragt; es bietet zusätzlichen Schatten und Regenschutz.

Für den Auslauf gilt: Je größer, desto besser, wobei ein langer, schmaler Auslauf einen stärkeren Bewegungsanreiz bietet als ein quadratischer. Praktisch ist es, wenn man den Auslauf so anlegen kann, daß er auch für die Arbeit mit dem Pferd mitbenutzt werden kann. So eignet sich beispielsweise eine Fläche von 10×10 m als Longierplatz, und eine Fläche von 15×30 m kann bereits als kleine Reitbahn eingesetzt werden. Der Boden des Auslaufs muß durchlässig und wasserabführend sein. Nur die wenigsten Naturböden werden diesen Anforderungen gerecht. Will man vermeiden, daß die Pferde in einer Schlammwüste stehen, wird man den Boden meist 50–60 cm tief ausheben müssen. Dann wird in den gewachsenen Boden Drainage mit Filter verlegt. Darüber werden schichtweise 10 cm Schotter, 15 cm grober Kies und gut 30 cm Sand aufgebracht. Damit der Sand sauber bleibt, wird er mindestens einmal täglich abgeäpfelt.

Die Pferde werden wahrscheinlich einen Großteil ihres Kots im Auslauf absetzen, da sie ihrer Natur entsprechend den Freß- und Liegebereich weitgehend sauber halten.

Meist werden Offenstallanlagen für die Robustpferdehaltung im Eigenbau erstellt, obwohl es inzwischen Firmen gibt, die auch Fertigbaumodelle anbieten. Wer den Bau einer Offenstallanlage plant, sollte sich vorher möglichst mehrere ansehen; so bekommt man neue Ideen und Anregungen. Die Errichtung einer solchen Anlage erfordert Zeit und Geld und ist deshalb nur bei einem langjährigen, schriftlichen Pachtvertrag sinnvoll.

Bevor man an die praktische Durchführung seines Bauvorhabens denken kann, müssen zunächst einige bürokratische Hürden überwunden werden.

Zunächst muß abgeklärt werden, ob in dem fraglichen Gelände eine Anlage zur Robustpferdehaltung überhaupt zulässig ist. Hierzu kann man bei der zuständigen Gemeindeverwaltung Einsicht in die Bauleitpläne nehmen. Dazu gehören Flächennutzungs- und Bebauungspläne. Wenn nun beispielsweise ein Bebauungsplan vorliegt, der das Gebiet, auf dem die ins Auge gefaßte Wiese liegt, als Wohngebiet ausweist, ist eine Pferdehaltung mit Stallbau dort nicht möglich. Besteht jedoch für das entsprechende Grundstück weder ein Flächennutzungsplan noch ein Bebauungsplan, hängt die Zulässigkeit des Stallbaus weitgehend davon ab, ob im Innen- oder im Außenbereich gebaut werden soll. Der Innenbereich umfaßt das Gebiet innerhalb der im Zusammenhang bebauten Ortsteile. Den Baugenehmigungsbehörden steht hier ein relativ weitreichender Beurteilungsspielraum zu. Für das Bauen im Außenbereich bestehen gemäß § 35 BBauG (Bundesbaugesetz) strenge Beschränkungen. Im allgemeinen dürfen hier nur landwirtschaftliche Betriebe Schutzhütten errichten. In diesem Fall kann es von Vorteil sein, wenn der verpachtende Landwirt als Bauherr auftritt.

Allgemein gültige Aussagen über die Zulässigkeit eines Stallbaus zu machen ist deshalb schwierig, weil alle Bundesländer in ihren Bauordnungen selbst gesetzlich festlegen, welche Anforderungen sie an Planung, Bau, Ausstattung und Zustand von Gebäuden stellen. Es ist auf jeden Fall sinnvoll, im Vorfeld eine Bauvoranfrage an die zuständige Untere Bauaufsichtsbehörde bei der Kreis- oder Stadtverwaltung zu richten. Aus dem daraufhin ergehenden Vorbescheid kann man in aller Regel schon ableiten, ob Chancen bestehen, die Baugenehmigung zu erhalten oder nicht. Wenn man sehr viel Glück hat, erfährt man vielleicht sogar, daß eine Bauanzeige ausreichend ist. Dem Antrag auf Baugenehmigung sind ein örtlicher Lageplan mit eingezeichnetem Bauvorhaben, eine Bauzeichnung und eine Baubeschreibung hinzuzufügen. Zusätzlich muß ein Bauleiter bestimmt werden.

Angesichts dieses Behördenkrieges bekommt man geradezu Lust, »schwarz zu bauen«. Wegen der Gefahr, im Nachhinein eine Abbruchsverfügung ins Haus zu bekommen, ist jedoch dringend davon abzuraten.

Die Weidehaltung

Allgemeines

Für ein Robustpferd rechnet man einen Futterflächenbedarf von 2–3 Morgen (5000–7500 qm). Daraus ergibt sich für die Haltung von 2 Pferden ein Mindestflächenbedarf von 4 Morgen, das entspricht 1 Hektar oder 10 000 qm, wobei man eine wirklich gute Bodenqualität und intensive Nutzung voraussetzen muß.

Eine gute Weide sollte folgendes Grünfutter enthalten:

70–80% Gräser (Ober- und Untergräser),
10–15% Kräuter,
10–15% Klee.

Der Kräuter- und Kleegehalt des Grünfutters darf auf keinen Fall vernachlässigt werden, denn er hat starken Einfluß auf die Eiweiß- und Kalkversorgung der Pferde. So weist die »Studiengesellschaft zur Förderung der Grünlandwirtschaft« den Eiweiß- und Kalkgehalt von Weidepflanzen wie folgt aus (auf die Trockenmasse bezogen):

	Roheiweiß	Kalk(Cao)
Gräser	10,47%	0,84
Leguminosen (Klee)	17,98%	2,75%
Kräuter	12,34%	2,29%

Abgesehen von der Bedeutung für die Gesundheit tragen Klee und Kräuter stark zum Wohlgeschmack des Grünfutters bei.

Man unterscheidet zwischen Standweide, Portionsweide und Umtriebsweide:

Eine Standweide wird ständig für die Beweidung durch Pferde benutzt. Ein besonderes Problem der Standweide sind die Geilstellen, die dadurch entstehen, daß Pferde immer wieder die gleichen Stellen zum Misten aufsuchen, die sie anschließend bei der Futtersuche meiden. Diese Stellen sind meist gekennzeichnet durch hohen Graswuchs und starke Überdüngung.

Bei einer Portionsweide wird jeweils nur ein Teil der Weide den Pferden zum Grasen zur Verfügung gestellt. Der restliche Teil wird durch Elektrozaun abgetrennt und kann ruhen.

Eine Umtriebsweide wird nur relativ kurzfristig von den Pferden begangen, die anschließend auf eine andere Weide umgetrieben werden. Im Anschluß daran kann sich die nicht begangene Weidefläche erholen.

Wenn Pferde allein und ausschließlich immer nur die gleiche Weide zur Verfügung haben, besteht die Gefahr eines zu starken Wurmbefalls, da sie die Wurmeier, die sie mit ihrem Kot ausscheiden, beim Grasen immer wieder neu aufnehmen. Aus diesem Grund und um der Weidehygiene genüge zu tun, sollte

Portionsweide, durch einen Elektrozaun abgetrennt. Die Wasserversorgung muß auch im Sommer sichergestellt sein.

Pferde und Schafe können bei entsprechender Einzäunung zusammen gehalten werden, wobei die Schafe auch das Gras der Geilstellen mitfressen.

man entweder die Weide abäpfeln, d. h. den Mist einsammeln, oder aber eine Wechselbeweidung mit Rindern oder Schafen in Betracht ziehen (Weidegesellschaft). Diese Wiederkäuer leisten in der Weidepflege Beachtliches. Pferde sind zur Weidepflege völlig ungeeignet, weil sie einige Stellen der Weide, die Geilstellen, meiden und andere bis auf die Wurzeln kahlfressen. Rinder und Schafe sorgen hier für Abhilfe. Sie fressen das Gras an den Geilstellen der Pferde ab und nehmen so auch einen Großteil der Wurmeier der Pferdeparasiten mit auf. Im Magen- und Darmtrakt der Wiederkäuer können die Wurmeier jedoch nicht überleben. Umgekehrt wiederum mögen die Pferde das an den Kotstellen der Rinder und Schafe wachsende Gras.

Bevor man sich entschließt, Rinder oder Schafe anzuschaffen, sollte man den finanziellen Aufwand und Erfolg durchkalkulieren und Absatzmöglichkeiten prüfen. Für die Haltung von Schafen braucht man eine spezielle Einzäunung. Es empfiehlt sich hierfür das Schafknotengitter. Wenn über den Schafdraht noch Holzlatten genagelt werden und diese Weidebegrenzung zusätzlich mit einem Stromdraht gesichert wird, ergibt sich eine auch für Pferde geeignete Einzäunung. Insgesamt ist die Schafhaltung weniger aufwendig als die Rinderhaltung. Als Weidepartner für Freizeitpferde eignen sich besonders folgende Fleischschafrassen: Schwarzköpfe, Weißköpfe, Blauköpfe, Texelschaf, aber auch die alten, erhaltenswerten Schafrassen wie das Rhönschaf.

Entscheidet man sich für die Rinderhaltung, bieten sich für den Halter von Freizeitpferden besonders die Galloways an. Es handelt sich dabei um eine alte Rinderrasse aus Südwestschottland. Die Tiere bekommen ein dickes Fell und sind ganzjährig im Offenstall zu halten. Galloways haben keine Hörner, wodurch die Verletzungsgefahr für Mensch und Tier gering ist. Sie gelten als genügsam, umgänglich und leichtkalbig. Ihr einziger Nachteil liegt im Preis. Im Vergleich zu anderen Rindern sind sie sehr teuer. Für das Fleisch dieser Tiere bekommt man jedoch, wenn man Möglichkeiten zur Direktvermarktung hat, mehr als für normales Rindfleisch, außerdem kann man Kälber dieser Rasse meist recht teuer verkaufen. Kontaktadresse: Verband Deutscher Gallowayzüchter, Steenbeker Weg 151, 2300 Kiel.

Hier noch ein Tip zur Weidepacht: Will man eine Weide pachten, die erst eingezäunt und auf der erst ein Offenstall errichtet werden muß, sollte man sich mit dem Verpächter vorher über eine finanzielle Entschädigung bei Pachtende einigen, und zwar möglichst in schriftlicher Form. Wenn derartige Investitionen nötig sind, sollte man auch den Pachtvertrag möglichst schriftlich formulieren, obwohl hier vom Gesetzgeber die Schriftform nicht vorgeschrieben ist.

Die Weidebewirtschaftung im Jahreslauf

Alle 3 bis 4 Jahre, und zwar bereits in der Winterruhe, lange vor Beginn der neuen Weidesaison, sollte man eine Bodenanalyse erstellen lassen. Sie kostet etwa 15,– DM. Mit Hilfe einer solchen Analyse kann man Dünger sparen und optimale Wachstumserfolge bei den Pflanzen erzielen. Sie gibt Aufschluß über den Nährstoffvorrat des Bodens und darüber, was ihm fehlt. Die Bodenprobe wird an eine landwirtschaftliche Untersuchungsanstalt geschickt und dort in der Regel auf pH-Wert, Phosphor-, Kali- und Magnesiumgehalt untersucht. Daraus ergibt sich eine Düngeempfehlung, die in kg Reinnährstoff/ha angegeben ist. Anhand einer Tabelle kann dann eine Umrechnung der Reinnährstoffmenge in die zu düngenden Mengen Handelsdünger erfolgen.

Man nimmt ca. 20–30 Bodenproben von 1 Hektar. Von extremen Stellen, wie Geilstellen, werden keine Proben genommen. Die Proben dürfen nur eine Bodentiefe von etwa 8–10 cm erfassen, da Nährstoffe in tieferen Schichten von den Graswurzeln kaum noch erreicht werden. Die höchste Nährstoffkonzentration findet sich in den ersten Zentimetern unter der Grasnarbe. Zur Probenentnahme nimmt man möglichst ein Rohr, das ungefähr 10 cm tief in den Boden gedrückt wird. Die darin haftende Bodenprobe wird in einen sauberen Eimer entleert. Alle weiteren Proben kommen in den gleichen Eimer. Zum Schluß wird der entnommene Boden gut durchmischt und etwa 500 g davon in einen sauberen Plastikbeutel umgepackt. Dieser wird mit einer genauen Angabe des Untersuchungsumfangs an die landwirtschaftliche Untersuchungsanstalt geschickt. Wenn die Bodenprobe ein ausgewogenes Verhältnis der Nährstoffe nachweist, kann mit Volldünger gedüngt werden; er enthält die wichtigsten Nährstoffe in einem ausgewogenen Verhältnis.

Im folgenden sollen einmal die Hauptnährstoffe der Pflanzen, die durch gezielte Düngung bereitgestellt werden müssen, aufgeführt werden:

Stickstoff (N)

N ist notwendig zum Aufbau von Proteinen, Enzymen und Vitaminen. Ist nicht genug Stickstoff vorhanden, wird das Pflanzenwachstum reduziert.

Phosphor (P)

Phosphormangel führt bei Pferden außer zu Fruchtbarkeitsstörungen auch zu Knochenerkrankungen.

Bei den Pflanzen sorgt Phosphor für das nötige Wurzelwachstum. Phosphor fördert die Pflanzenvielfalt der Weide, da der größte Teil aller Weideflächen für viele Pflanzen zu phosphorsäurearm ist.

Kalium (K)

Ein Kaliummangel bei Pferden ist nahezu unbekannt. Bei den Pflanzen sorgt Kalium für die Aktivierung vieler Enzyme und stärkt die Zellwände.

Calcium (Ca)

Calcium ist im Kalk (CaO) enthalten. Es fördert den Bestand an Mikroorganismen im Boden und ist somit für Auf- und Abbauprozesse im Boden mitverantwortlich. Ca-Mangel kann bei Jungtieren eine recht kümmerliche Entwicklung zur Folge haben, da der Knochenaufbau verzögert wird.

Magnesium (Mg)

Mg hat ebenfalls Einfluß auf die Gesundheit der Tiere. Reich an Magnesium ist z. B. Klee.

Die Zusammensetzung der Nährstoffe im Boden ist mitverantwortlich für die Zusammensetzung der Pflanzen auf der Weide; man kann also längerfristig durch eine gezielte Düngung den Bestand an Pflanzenarten verändern. Deshalb sollte auch kaum eine Weide umgebrochen werden. Einfacher ist es, eine Weide durch gezielte Dünge- und Pflegemaßnahmen zu verbessern, als sie ganz neu einzusäen. Die gezielte Düngung soll dem Boden das wieder zuführen, was ihm entzogen wurde (harmonische Düngung). Sie ist also dringend nötig.

Um das Pflanzenwachstum im Frühjahr anzuregen, sollte möglichst frühzeitig, ruhig schon im März, gedüngt werden. Danach müssen die Weiden ruhen. Pferde dürfen nicht auf die frisch gedüngten Weiden, da sonst die Gefahr einer Düngemittelvergiftung besteht.

Anfang Mai kann noch zusätzlich Stickstoffdünger auf die Weide gebracht werden, der das Wachstum zu Beginn der Vegetationsperiode weiter fördert; außerdem wird dadurch die Vegetationszeit im Herbst verlängert. Hinzu kommt, daß nach einem Weidewechsel der Pflanzenbewuchs schneller wieder nachwachsen kann. Stickstoffgaben sollten jedoch so gering wie möglich gehalten werden, da sonst das einseitige Wachstum von Obergräsern gefördert wird, während Kräuter in ihrer Entwicklung gehindert werden. Nach der Düngung mit Stickstoff sollte die Weide etwa zwei Wochen ruhen, da die Düngekörner für Pferde giftig sind.

Zusätzlich sollte etwa alle 3 Jahre Kalk aufgebracht werden, um Auswaschungsverluste zu ersetzen. Kalk fördert die Klee- und Kräuteranteile. Er wirkt bodenlockernd und begünstigt die Phosphorsäure- und Kaliausnutzung des Bodens.

Beim Thema Düngung muß darauf hingewiesen werden, daß dort, wo es möglich ist, weitestgehend mit Naturdünger

gedüngt werden sollte, der aus der Kompostierung von Mist und anderen organischen Abfällen entsteht. Durch die Kompostierung werden die Wurmeier, die fast jeder Pferdemist enthält, abgetötet. Die wertvollen düngeintensiven Inhaltsstoffe des Mistes, wie Stickstoff, Phosphat, Kali, Kalk, Magnesium, können der Weide dann wieder zugeführt werden.
Muß zur Verbesserung der Grasnarbe nachgesät werden, sollte dies ebenfalls im zeitigen Frühjahr geschehen. Anschließend muß die Fläche mindestens bis zum Mai ruhen. Voraussetzungen für eine Nachsaat sind genügend Feuchtigkeit im Boden und eine kurze Grasnarbe. Für eine Nachsaat eignen sich:

- Deutsches Weidelgras *(lolium perenne)* – Untergräser
- Wiesenrispe *(poa pratensis)* – Untergräser
- Wiesenschwingel *(festuca pratensis)* – Obergräser
- Wiesenlieschgras *(phleum pratense)* – Obergräser
- Weißklee *(trifolium repens)*

Mit dem Klee sollte man vorsichtig sein, da er sich stark ausbreitet und sehr eiweißreich ist (Rehegefahr).
Außer im zeitigen Frühjahr ist eine Nachsaat auch im Zeitraum Juli/August möglich, sobald die Pferde die Grasnarbe kurz abgefressen haben. In der Regel ist dann aber für die Nachsaat eine zusätzliche Düngung notwendig.
Vor der Weidesaison müssen die Zäune und Weidetore kontrolliert werden. Bei einer Vernachlässigung der Sorgfaltspflicht zahlt keine Versicherung. Abgesehen von der finanziellen Seite dieses Aspekts sollte man auch bedenken, daß ausgebrochene Tiere tödliche Unfälle heraufbeschwören können. Allein schon aus diesem Grund ist eine Kombination von fester Einzäunung mit Elektrozaun unbedingt zu befürworten. Elektrozaungeräte gibt es in vielen Ausführungen und Preislagen für Batteriebetrieb und mit Anschluß an das Stromnetz. Preis- und Leistungsvergleiche lohnen sich deshalb auf jeden Fall.
Bei der festen Einzäunung sollte man wegen der hohen Verletzungsgefahr keinen Stacheldraht verwenden. Ist ein Stacheldraht aus irgendwelchen Gründen nicht zu umgehen, sollte man davor einen Elektrodraht mit Abstandshaltern spannen, um die Pferde erst gar nicht bis zum Stacheldraht kommen zu lassen. Günstiger ist ein Holzzaun oder eine Einzäunung mit glattem Draht, kombiniert mit einer Oberlatte aus Holz. Glatter Draht muß zusammen mit Spannern, wie sie im landwirtschaftlichen Handel erhältlich sind, verarbeitet werden, da er regelmäßig nachgespannt werden muß. Der Holzzaun ist vielleicht die beliebteste Pferdeeinzäunung, weil bei ihm die Leitlinienwirkung am höchsten ist. Allerdings ist er in der Anschaffung und Pflege (regelmäßiger Anstrich mit Holzschutzmitteln) sehr aufwendig. Inzwischen werden auf dem Markt auch Einzäunungen aus Kunststoff oder Gummi angeboten, die recht sicher und sehr pflegeleicht sind, die aber aufgrund ihres hohen Preises für den Normalverbraucher kaum in Frage kommen.
Im Frühjahr wird kontrolliert, ob die Drähte nachgespannt werden müssen und ob noch alle Latten fest sind. Wenn

Reparaturen nötig sind, werden die Drähte an der Innenseite der Pfähle mit Krampen befestigt. Lose Latten müssen ebenfalls an der Innenseite mit Nägeln neu befestigt werden. Das nächste Augenmerk gilt den Pfählen. Morsche Pfähle müssen ersetzt werden, und bei zu großen Pfahlabständen muß eventuell ein zusätzlicher Pfahl eingesetzt werden. Der Abstand der Pfähle sollte möglichst nicht mehr als 4 Meter betragen. Als Holz für Weidepfähle eignet sich Eichen-, Lärchen- und Buchenholz, wobei man dem Eichenholz den Vorzug geben sollte, weil es nicht mehr imprägniert werden muß.

Damit die Pfähle wirklich Halt im Boden haben, sollte man sie bei durchschnittlichen Bodenverhältnissen etwa 0,80 m tief eingraben. Die Pfahllänge sollte 1,90–2,20 m betragen, damit später der Zaun hoch genug angelegt werden kann. Wenn man sich umhört und etwas Glück hat, bekommt man oft auch Bahnschwellen angeboten, die den Vorteil haben, bereits voll imprägniert zu sein.

Bevor die Pferde auf die Weide gelassen werden, sollte der Abfall, der sich im Laufe des Winters angesammelt hat, abgesucht werden. Schon so mancher Pferdehalter hat sich gewundert, was sich auf seiner Weide alles an Plastiktüten, Bierflaschen und sonstigem Zivilisationsmüll angesammelt hat. Anschließend muß die Weide geschleppt werden. Dabei werden Maulwurfshügel zerstreut und Bodenunebenheiten geglättet. Als Schleppe eignet sich besonders eine Reifenschleppe aus Lkw- oder Treckerreifen. Sie ist schonender als eine Schleppe aus Eisenringen, die manchmal sogar die Grasnarbe aufreißt. Zusätzlich zum Abschleppen sollte man, wenn nachgesät worden ist, die Weide vor Beginn der Weidesaison einmal mit der Wiesenwalze walzen. Auf diese Weise bekommt die Grasnarbe, vor allem aber die Nachsaat, besseren Bodenschluß und kann somit die Nährstoffe des Bodens leichter aufnehmen. Gewalzt werden kann die Weide nur, wenn der Boden trocken ist.

Auf der Weide befindliche Bäume müssen gegen das Anknabbern ihrer Rinde geschützt werden, sie können sonst eingehen. Da der Pächter für die ordnungsgemäße Bewirtschaftung der Weide verantwortlich ist, kann ihn der Verpächter für den Verlust der Bäume haftbar machen, wenn der Pächter nichts zu deren Schutz unternimmt.

Nachdem nun alle im Frühjahr anfallenden Arbeiten wie Düngen, eventuelles Nachsäen, Kontrollieren der Zäune und Weidetore, Absuchen und Abschleppen der Weide etc. erledigt worden sind und es Mai geworden ist, dürfen die Pferde, nachdem sie entwurmt worden sind, endlich auf die Weide.

Bei der Futterumstellung vom trockenen, rohfaserreichen, relativ eiweißarmen Futter auf wasserreiches, rohfaserarmes, eiweißreiches Gras ist Vorsicht geboten. Diese Umstellung kann, wenn sie zu plötzlich erfolgt, zu Koliken, Durchfällen oder sogar zur Hufrehe führen. Aus diesem Grund dürfen die Pferde zunächst nur stundenweise auf die Weide gelassen werden. Es ist wichtig, daß in dieser Übergangszeit Stroh oder rohfaserreiches Heu zugefüttert wird. Auch nach der Gewöhnung an das frische Gras ist ganztägiger Weidegang für viele Vertreter der Robustpferderassen unmöglich, da sie ursprünglich für viel kärglichere Gegenden gezüchtet worden sind. In solchen Landstrichen fanden sie hier ein Kräutchen und dort ein Hälmchen; verständlicherweise entwickelte sich unter diesen Gegebenheiten das Fressen zur ersten Pferde- bzw. Ponypflicht. Die Folgen ganztägigen Weidegangs auf unseren reichen Weiden sind Verlust der Reitkondition, Verfettung und eventuell Hufrehe. Man sollte sich auch einmal klarmachen, daß 1 Zentner Übergewicht, den sich ein Pferd auf der Weide schnell anfressen kann, in etwa das gleiche ist, als trüge das Pferd Tag und Nacht bei jedem Schritt und Tritt einen leichten Reiter auf dem Rücken. Ein solches Übergewicht belastet auf Dauer die Sehnen und Gelenke der Ponybeine.

In der Regel reichen etwa sechs Stunden Weidegang auf guter Weide für ausgewachsene Freizeitpferde aus, die wegen der zu erbringenden Arbeitsleistung zusätzlich Kraftfuttergaben enthalten. Für Zuchtstuten und Fohlen bzw. Jungpferde müssen allerdings längere Weidezeiten eingerechnet werden. Auf jede Weide gehört ein Salzleckstein, der die Versorgung der Pferde mit Natriumsalz sicherstellt. Ein besonders wichtiges Problem der Weidehaltung ist die Versorgung der Pferde mit sauberem, geruchsfreiem Wasser, das ihnen zur freien Verfügung gestellt werden sollte. Als Wasserbehälter haben sich Speiskübel bewährt, die in jedem Baumarkt preisgünstig zu bekommen sind. Werden die Pferde auch im Winter auf der Koppel gelassen, muß man regelmäßig das Eis aus dem Wasserbehälter entfernen, damit den Tieren ein freier Zugang zum Wasser erhalten bleibt. Ideal im Winter sind alte Waschkübel, wie sie früher in jeder Waschküche standen. Sie wurden von unten mit Kohle oder Briketts geheizt, um das sich darüber befindende Wasser zu erhitzen. Mit einem solchen alten Waschkübel kann man eine ständige Trinkwasserversorgung auch im Winter bei Frost sicherstellen.

Wenn die Pferde auf der Weide sind, sollte das Weidetor grundsätzlich z. B. durch eine Kette mit Vorhängeschloß so gesichert werden, daß kein Unbefugter die Pferde herauslassen kann. Wenn nämlich Pferde von Fremden freigelassen werden und einen Unfall oder sonstige Schäden verursachen, muß der Tierhalter haften, falls der »Toröffner« nicht entdeckt wird. In diesem Fall zahlt wahrscheinlich auch seine Tierhalterhaftpflichtversicherung nicht, da die ungenügende Absicherung der Weide als Fahrlässigkeit gilt.

Ein Höhepunkt im jährlichen Weidebetrieb stellt die Heuwerbung dar. Heu ist das wichtigste Grundfutter. Es enthält alle lebenswichtigen Nährstoffe und bietet einen hohen Rohfaseranteil. Mäht man das Gras vor der Grasblüte, ist das Heu nährstoffreicher und rohfaserärmer als später geschnittenes Heu. Nach der Grasblüte sind Heuertrag und Rohfasergehalt höher. Dafür läßt der Nährstoffgehalt nach. Später geworbenes Heu wirkt wegen des höheren Rohfasergehaltes grober. Es ist jedoch für Pferde besser geeignet als das vor der Grasblüte geworbene Heu, da es die Kautätigkeit besser anregt und die Tiere beim Fressen länger beschäftigt sind.

Hier nun der praktische Ablauf der Heuwerbung: Geheut wird nur, wenn man auf Standwetter hoffen kann, also

wenn mit mehreren Tagen guten Wetters zu rechnen ist. Tritt diese Wetterlage ein, sollte das Gras möglichst früh am Morgen gemäht und danach am ersten Tag alle 2–3 Stunden gewendet werden, denn am ersten Tag des Schnitts ist der Wasserentzug am stärksten. Abends wird das Heu in Schwaden gelegt, damit es möglichst wenig Feuchtigkeit vom Boden aufnimmt. Am nächsten Morgen wird das geschnittene Gras zum weiteren Trocknen wieder ausgebreitet.
Regenfrei eingebrachtes Heu ist in der Regel das beste Heu, denn Regen führt zu einer Qualitätsminderung, weil er Mineralien und Vitamine auswäscht, die den Pferden nicht mehr zugute kommen.
Es ist absolut notwendig, nur wirklich trockenes Heu einzubringen. In feuchtem Heu entstehen Temperaturen, die so hoch werden können, daß sich das Heu selbst entzündet. Ganze Bauernhöfe sind schon auf diese Weise abgebrannt. Außerdem setzen sich in feuchtem Heu schnell Schimmelpilze fest, die das Heu unbrauchbar machen und die Gesundheit unserer Freizeitpartner akut gefährden.
Zum Ende der Weidesaison sollte die Weide nachgemäht werden, d. h. es ist ein sog. Reinigungsschnitt durchzuführen. Wenn die Weide nicht abgeäpfelt wird, sollte man sie noch einmal abschleppen, um Misthaufen zu verteilen und Maulwurfshügel zu glätten.

Die Fütterung

Futtermittel

Bevor man abklären kann, wieviel ein Pferd wann wovon fressen kann und soll, muß besprochen werden, welche Futtermittel dem Pferdehalter überhaupt zur Verfügung stehen und welche Eigenschaften diese Futtermittel haben. Hier sollen allerdings nur die wichtigsten und bekanntesten Futtermittel besprochen werden, da bei einer vollständigen Behandlung des Themas der Rahmen dieses Buches gesprengt würde, zumal nicht alle Futtermittel für den Freizeitreiter interessant sind. Allein mit der Fütterungslehre kann man ganze Bücher füllen, was berufenere Personen auch schon übernommen haben (siehe Literaturverzeichnis).

Grünfutter

Man unterscheidet zwischen Grünfutter vom Dauergrünland und Grünfutter vom Acker, wozu z. B. Rotklee und Luzerne gehören. Auf das Grünfutter vom Acker werde ich nicht näher eingehen, da es unwahrscheinlich ist, daß ein Freizeitreiter für seine Tiere auch noch einen Acker bestellt. Unter Grünfutter vom Dauergrünland versteht man Weidefutter, welches in der Regel auch direkt auf der Weide aufgenommen wird.
Der Weidegang ist für Pferde, diese hochspezialisierten Lauf- und Steppentiere, so ziemlich die naturgemäßeste Ernährungsform, vor allem wenn er den Tieren im Herdenverband angeboten wird und die Pferde so die Möglichkeit

bekommen, sich mit Artgenossen auseinanderzusetzen. Der Weideaufenthalt macht die Tiere zufrieden und ausgeglichen. Einiges gilt es jedoch zu beachten:
Die Qualität des Grünfutters hängt unter anderem ab von dem Klee- und Kräuteranteil am Gesamtpflanzenbestand der Weide, da Klee (Leguminosen) und Kräuter einen wesentlich höheren Eiweiß- und Kalziumgehalt aufweisen als Gräser. Außerdem sorgen diese Pflanzen dafür, daß das Grünfutter den Pferden gut schmeckt. Bei der heute allgemein extrem intensiven Weidebewirtschaftung kann das Angebot an Mineralstoffen, Spurenelementen und Vitaminen, das eine übliche Pferdeweide bietet, den Bedarf der Pferde nicht dekken. Aus diesem Grund sollte immer ein Mineralfutter für Pferde zugefüttert werden. Zum ständigen Angebot sollte auch ein Salzleckstein gehören.
Werden vom Pferd keine regelmäßigen oder größeren Leistungen erwartet, reicht häufig der Weidegang nicht nur aus, die Futteransprüche unserer Freizeitkameraden zu decken, vielmehr muß bei vielen Vertretern der leichtfuttrigen Ponyrassen (z. B. Fjord, Haflinger, Isländer) sogar auf guten Weiden der Weidegang auf 6 bis 8 Stunden eingeschränkt werden. Würden sich die Pferde länger auf der Weide aufhalten, gerieten die Tiere geradezu in eine Mastkondition.
Bei Pferden, die regelmäßig geritten werden, sollte die Weidedauer auf jeden Fall eingeschränkt werden, da das Grünfutter wegen des hohen Wassergehaltes sehr voluminös ist, deshalb eine hohe Belastung der Verdauungsorgane bewirkt und so die Ausdauer und den Vorwärtsdrang des Pferdes mindert. Anders ausgedrückt: Ein vollgefressenes Pferd mit Weidebauch ist meist stinkfaul und muß schon nach kurzer Zeit pusten wie ein Walroß.
Problematisch ist die Weidefütterung im Frühjahr. Im Übergang von der Stallfütterung zur Weidefütterung sind die Pferde rohfaserreiches Heu oder Stroh gewöhnt. Das junge Gras ist jedoch im Gegensatz dazu extrem rohfaserarm und eiweißreich. Der Übergang zur Weidefütterung muß deshalb allmählich erfolgen. Man läßt die Pferde erst nur kurze Zeit (½–1 Stunde) auf die Weide und steigert die Dosis Grünfutter ganz allmählich, um so Erkrankungen wie Rehe oder Durchfall zu vermeiden. Wichtig ist, daß im Übergang weiter Heu oder Stroh zugefüttert wird.
Wird Gras gemäht und im Stall verfüttert sind folgende Punkte zu beachten: Das Gras muß täglich frisch geschnitten und danach kühl und dünn geschichtet gelagert werden. Es darf sich auf keinen Fall im Haufen erwärmen, und man sollte es erst, nachdem die Pferde ihr Heu oder Stroh gefressen haben, verfüttern, damit es nicht zu hastig gefressen wird.
Persönlich meine ich, es ist für ein im Stall gehaltenes Pferd besser, sich für eine Stunde die Beine auf der Weide in der frischen Luft zu vertreten, als das Weidegras auch noch in den Stall gebracht zu bekommen.
Bevor ich es vergesse: Vom Rasenmäher geschnittenes Gras ist kein Grünfutter, sondern Gift, da es im Pferdemagen zusammenpappt. Es kann Koliken und im schlimmsten Fall auch einen Magenriß verursachen und deshalb im Extremfall tödlich sein.

Heu

Heu ist, ebenso wie die im Anschluß besprochene Grasanwelksilage, eine Grünfutterkonserve. Je besser das Heu ist, desto eher gleicht es nach Farbe und Gehalt dem Ausgangsmaterial. Gutes Heu ist möglichst grün und riecht aromatisch. Es soll griffig, also nicht zu fein, sein, damit es den Rohfaserbedarf deckt und als Rauhfutter genügend Ballaststoffe zur Verfügung stellt. Am ehesten genügt der erste Schnitt diesen Anforderungen. Der zweite Schnitt, auch Grummet genannt, ist meist feiner und deshalb als Rauhfutter nicht ganz so gut geeignet. Grummet kann jedoch in Verbindung mit Stroh ebenfalls bedenkenlos an Pferde verfüttert werden, wenn die Qualität in Ordnung ist. Ebenso wie die Qualität des frischen Grünfutters hängt auch die des Heus mit vom Klee- und Kräutergehalt des Ausgangsmaterials ab. Verregnetes Heu kann nie so gut sein wie regenfreies Heu, da Auswaschungsverluste auftreten, die den Nährstoffgehalt und den Gehalt an Mineralstoffen und Vitaminen mindern.

Ein hoher Staubanteil und Verschmutzungen, z. B. durch Erde, mindern die Qualität und machen das Heu im Extremfall unbrauchbar. Staubiges Heu sollte auf alle Fälle nur feucht verfüttert werden, damit der Staub die Atemwege der Pferde nicht belastet. Dazu wird das Heu mindestens 3 Stunden lang eingeweicht. Muffiges oder schimmeliges Heu darf überhaupt nicht verfüttert werden, da es die Atemwege und das Verdauungssystem schädigt.

Es scheint immer mehr Pferde mit Atemwegserkrankungen zu geben und immer weniger Heu, das unseren Ansprüchen genügen kann. Man sollte einmal die Frage stellen, ob diese beiden Feststellungen nicht ursächlich zusammenhängen. Früher wurden die Wiesen zur Heugewinnung mit der Messerstange, auch Mähbalken genannt, gemäht. Traf der Balkenmäher auf einen Erdhaufen, wie z. B. einen Maulwurfshaufen, verstopfte er. Man konnte also nicht weiterarbeiten und mußte ihn erst säubern. Die Erde blieb dabei als Klumpen zusammen und konnte aus dem Heu herausgehalten werden. Doch die Entwicklung ging weiter. Das Mähen sollte schneller und rationeller erfolgen, Kreiselmäher wurden eingeführt und eroberten den Markt. Diese Geräte arbeiten mit zwei kreiselnden Tellern, an denen meist mehrere Messer befestigt sind, die die Pflanzen mit einigen tausend Umdrehungen pro Minute abschlagen. Trifft dieses Gerät einen Maulwurfshaufen, verstopft nichts mehr. Die Erde wird gründlich mit den geschnittenen Pflanzen vermischt und findet sich dann später als Staub im Heu wieder.

Hatte man jedoch das Glück, einwandfreies Heu entweder selbst zu werben oder aber zu kaufen, verfügt man über ein ideales Grundfutter für den Winter, vorausgesetzt, man bringt es so unter, daß sich die gute Qualität nicht verschlechtert. Der Lagerraum soll luftig, staubfrei und vor allem trocken sein, da sich an den Schnittstellen des Heus schnell Pilze, vor allem Schimmelpilze, ansiedeln, die dann wiederum die Atemwege der Pferde gefährden. Heu darf frühestens 8 Wochen nach der Ernte verfüttert werden, nach dem sogenannten Schwitzen.

Ebenso wie frisches Grünfutter kann Heu kombiniert mit Mineralfuttergaben

und einem Salzleckstein den Nährstoffbedarf eines Pferdes decken, wenn dieses im Winter nicht oder kaum und dann nur ruhig gearbeitet wird.
Heu kann den Pferden, wenn man genug hat, zur freien Verfügung gegeben werden. Teilt man es zu, muß man je nach Größe, Futterverwertung und Temperament des Pferdes mit einem Bedarf von 6–10 Kilogramm rechnen. Die Ration sollte wegen ihres großen Volumens auf mindestens zwei Mahlzeiten pro Tag aufgeteilt werden.
Werden Pferde auch im Winter regelmäßig geritten, reicht die Heufütterung nicht mehr aus. Sie brauchen dann zusätzlich Futtermittel, die vermehrt Energie zur Verfügung stellen und dabei weniger Volumen besitzen, sog. Kraftfutter. In diesem Fall wird die Heuration gekürzt. Als Faustregel gilt dann 1 kg Heu pro 100 kg Lebendgewicht des zu fütternden Pferdes.
Eine immer wieder aufkommende Frage ist, ob das Heu vor oder nach der Kraftfuttergabe gefüttert werden soll. Die Anhänger der ersten Methode – erst Heu, dann Kraftfutter – meinen, daß die Pferde, wenn sie schon Heu im Magen haben, ihr Kraftfutter nicht so hinunterschlingen und besser kauen. Die Befürworter der zweiten Methode – erst Kraftfutter, dann Heu – halten dagegen, daß bei ihrer Methode das Heu nicht so zertrampelt wird, wie es der Fall ist, wenn die Tiere noch auf ihre Kraftfutterration warten und deshalb unruhig sind. Hinzu kommt, daß man das Heu in Ruhe verteilen kann, solange die Pferde mit ihrem Kraftfutter beschäftigt sind. Aufgrund meiner eigenen Erfahrung halte ich die zweite Methode in ihren Argumenten für stichhaltiger.
Früher wurde Heu aufgeschüttelt, bevor man es den Pferden überließ. Besser ist es jedoch, das Heu nicht aufzuschütteln, denn die Tiere sind so länger beschäftigt und es wird weniger untergetreten, wenn man es ohne Heuraufe direkt auf dem Boden auslegt. Auch ist es besser abzumessen und schneller zu füttern (Arbeitsersparnis). Bei nicht aufgeschütteltem, sondern lediglich ausgelegtem Heu werden außerdem die besonders gehaltvollen Samen nicht herausgeschüttelt und bleiben somit den Pferden erhalten.
Heu sollte immer vom Boden gefüttert werden und zwar am besten aus einer am Boden befindlichen Heuraufe. Besonders auf alten Bauernhöfen sieht man manchmal noch antiquierte, über der Futterkrippe angebrachte Heuraufen. Füttert man Heu aus diesen Heuraufen, fällt dem Pferd der Staub direkt in die Nase – ganz davon abgesehen, daß eine solche Heuraufe dem Pferd beim Fressen eine Körperhaltung aufzwingt, die alles andere als artgerecht ist.

Silage

Bis vor einigen Jahren war die Silagefütterung in der Pferdehaltung wenig gebräuchlich. In den letzten Jahren erfreut sie sich jedoch zunehmender Beliebtheit. Vielleicht liegt es daran, daß gutes Heu immer seltener wird und Atemwegserkrankungen bei Pferden zunehmen. Silage staubt nicht und weist trotzdem einen Anteil an strukturierter Rohfaser auf.
Um Silage in der Pferdefütterung einsetzen zu können, bedarf es einiger Kenntnisse und Erfahrung. So neigt Silage beispielsweise schnell dazu, an den

Anschnittstellen nachzugären, auch schimmelt sie leicht. Die Silage, die an Pferde verfüttert werden soll, muß also genauestens kontrolliert werden.
Die Farbe und Struktur der Ausgangspflanzen soll weitgehend erhalten sein, allenfalls kann eine leichte Bräunung akzeptiert werden. Hinzu kommt, daß Silage angenehm riechen soll. Riecht sie faulig, ist sie verschmutzt oder gar angeschimmelt, oder ist die Pflanzenstruktur nicht mehr erkennbar, darf sie auf keinen Fall verfüttert werden. Das gleiche gilt für gefrorene Silage. Gelangt verdorbene oder gefrorene Silage in den Pferdemagen, kann es zu Durchfall, Koliken oder Hufrehe kommen.
Ein Siloblock aus einem Fahrsilo, geschnitten mit einem Siloblockschneider, kann pro Kubikmeter bis zu 700 kg wiegen. Geht man von einer Tagesration von ca. 10 kg pro Pferd aus (ausgewachsene Großpferde auch bis zu 15 kg/Tag) und legt eine Haltbarkeit des Siloblocks von 1 Woche zugrunde, kann man leicht ausrechnen, daß sich eine Silagefütterung erst ab einem Bestand von 10 Pferden rechnet. In letzter Zeit allerdings bieten vermehrt Lohnunternehmer ein Silierverfahren an, bei dem die Silage in Form von Großballen in eine Plastikfolie gepreßt wird. Mit diesem Verfahren wird die Silagefütterung zukünftig vielleicht auch für kleinere Pferdehaltungen interessant.
Am günstigsten ist die Silagefütterung bisher noch, wenn Rinderhaltung und Pferdehaltung Hand in Hand gehen. In diesem Fall kann man die besten Silagepartien den Pferden vorbehalten und den Rest an die Rinder verfüttern, die als Wiederkäuer weniger empfindlich sind.

Grundsätzlich ist zu beachten, daß bei der Silagefütterung an Pferde wegen der Futtermenge die Tagesration auf mindestens 3 Portionen aufgeteilt werden muß, damit die Pferde ihren Trog sauber leer fressen und keine leicht verderblichen Silagerestbestände zurückbleiben.
Der Nährstoffgehalt jeder Silage entspricht annähernd dem Gehalt der Ausgangspflanzen, bezogen auf die Trokkenmasse. Für Pferde kommen am ehesten die angewelkte Grassilage und die Maissilage in Frage.
Auf die Silagegewinnung wird hier nicht eingegangen, da man sie in aller Regel doch einem Lohnunternehmer anvertraut.

Grassilage, angewelkt Grassilage kann Heu ersetzen, was deren Einsatz besonders bei Heuallergikern interessant macht. Der Tagesbedarf der Pferde an Grassilage liegt doppelt so hoch wie der Bedarf an Heu, d. h. man rechnet 2 kg Grassilage pro 100 kg Lebendgewicht des Pferdes. Als Ballaststofflieferant kann bei einem Heuallergiker Futterstroh dienen, von dem man dem Pferd ruhig 4 kg anbieten sollte.
Füttert man Grassilage, um Heu und Kraftfutter einzusparen, kann man bei 10 kg Grassilage etwa ein Drittel bis die Hälfte an Heu und Kraftfutter einsparen, vorausgesetzt, der Rauhfutterbedarf des Pferdes bleibt gedeckt. Eine Mindestmenge von 4 kg Rauhfutter (Heu und/oder Stroh) sollte nicht unterschritten werden, um die Verdauungsvorgänge sicherzustellen.
Die Anwelksilage hat gegenüber dem Heu noch einen Vorteil, der hier nicht unerwähnt bleiben darf: Im Gegensatz

zum Heu kommt es bei der Fütterung mit Grassilage zu keinem Abbau des unter anderem für die Abwehrkraft des Pferdes wichtigen β-Carotins, einer Vorstufe des Vitamins A.

Maissilage Der Anteil an verdaulicher Energie liegt bei der Maissilage zwischen den Werten von Heu und Hafer. Der Gehalt an verdaulichem Eiweiß beträgt nur ein Viertel des Gehaltes von gutem Heu. Wenn Maissilage in der Pferdefütterung eingesetzt wird, muß unbedingt Mineralfutter zugefüttert werden, um das Angebot an Calcium, Natrium und β-Carotin zu ergänzen.
Maissilage wird in der Rinderhaltung als Mastfutter eingesetzt. Entsprechend sollte die Gewichtsentwicklung der Pferde beobachtet werden und im Notfall die Ration gekürzt werden. Für leichtfuttrige Ponys und Pferde ist die Maissilage unter Umständen wegen der Gefahr der Verfettung ungeeignet.
Zusammen mit Kraftfutter und Futterstroh kann Maissilage gut das Heu in der Pferdehaltung ersetzen. Voraussetzung ist, daß die Pferde Mineralfutter und einen Salzleckstein bekommen, um den niedrigen Gehalt an Mineralstoffen und Vitaminen in der Maissilage auszugleichen.

Rauhfutter

Stroh Dem Pferdehalter steht in erster Linie Stroh der vier Hauptgetreidearten Hafer, Weizen, Gerste und Roggen zu Verfügung:
Haferstroh ist ein reines Futterstroh; vom Nährwert her ist es das beste Futterstroh. Als Einstreustroh ist es allerdings ungeeignet, da es nur schlecht saugt.
Weizenstroh ist als Futterstroh wie auch als Einstreu geeignet.
Gerstenstroh ist wie die beiden bereits vorgestellten Stroharten als Futterstroh brauchbar. Es läßt sich auch als Einstreu einsetzen; allerdings streut und saugt es nicht so gut wie Weizenstroh, weshalb man mehr davon braucht.
Roggenstroh wird nur schlecht gefressen und ist deshalb als Futterstroh ungeeignet. Als Einstreustroh ist es dafür unschlagbar.
Ebenso wie Heu gehört Stroh zum Oberbegriff Rauhfutter. Es zeichnet sich durch einen extrem hohen Rohfaseranteil aus. Sein Gehalt an Eiweiß, Mineralstoffen und Vitaminen ist sehr gering bis nicht vorhanden. Da es dem Pferd lebenswichtige Ballaststoffe zur Verfügung stellt, sorgt es für die Gesunderhaltung des Magen- und Darmtraktes. Aufgrund seines Volumens und weil das Pferd lange Freßzeiten benötigt, um das Stroh aufzunehmen, stellt es außerdem einen hervorragenden Beschäftigungsanreiz dar und hilft somit, die psychische Ausgeglichenheit herzustellen und zu erhalten.
An die Qualität werden die gleichen Ansprüche gestellt wie an das Heu. Stroh, das den Qualitätsansprüchen nicht genügt, also schimmelig oder staubig ist, muffig riecht oder sonstige Mängel aufweist, eignet sich auch nicht als Einstreu. Pferde fressen gern etwas von der frischen Einstreu, und selbst, wenn das nicht der Fall wäre: Stellen Sie sich vor, ein Pferd liegt mit seiner Nase direkt im Schimmel oder Staub. Es ist leicht vorstellbar, daß die Belastung für die Atemwege in diesem Fall genauso groß ist und genauso katastrophale Folgen haben kann, wie sie beim

Verfüttern des mangelhaften Strohs auftreten können.
Stroh ist unter bestimmten Voraussetzungen geeignet, den Rauhfutterbedarf von Heu- und Stauballergikern zu dekken. Im Vergleich zum Heu entsteht jedoch ein erhebliches Defizit an verdaulicher Energie, an Eiweiß, Mineralstoffen und Vitaminen. Futtermittel, die dieses Defizit ausgleichen können, sind sog. Alleinfutter, Mineralfutter in Verbindung mit Hafer oder pelletriertem Ergänzungsfutter, Weizenkleie und Grassilage.
Immer wieder treten Verdauungskoliken auf, für die eine übermäßige Aufnahme von Stroh verantwortlich gemacht wird. In zwanzig Jahren Umgang mit Pferden ist mir allerdings noch kein einziger Kolikfall untergekommen – weder bei meinen Pferden noch in bekannten und befreundeten Ställen –, der eindeutig auf eine zu ausgiebige Strohmahlzeit zurückzuführen war. Ich kann mir jedoch vorstellen, daß es Schwierigkeiten geben kann, wenn ein Pferd aufgrund von Zahnproblemen das Stroh nur ungenügend kaut, oder wenn relativ rauhfutterarm ernährte, hochtrainierte Leistungspferde plötzlich von Sägespännen auf Stroh als Einstreu umgestellt werden, oder wenn nur zweimal täglich gefüttert wird und das Pferd sich nicht genügend bewegen kann. Nur ist in all diesen Fällen nicht das Stroh die Ursache der Kolik, sondern ungenügende Kauarbeit, plötzliche Futterumstellung und Bewegungsmangel.

Kraftfutter

Nachdem nun Grünfutter, Silage und Rauhfuttermittel abgehandelt worden sind, ist es an der Zeit, die Futtermittelgruppe zu besprechen, die vielleicht von altersher die meisten und hitzigsten Diskussionen in der Fütterungslehre ausgelöst hat. Es ist dies die Gruppe der Kraftfuttermittel. Diese Futtermittel haben ein wesentlich geringeres Volumen als die Rauhfuttermittel und stellen den Pferden dabei etwa das Doppelte an verdaulicher Energie pro Kilogramm zur Verfügung wie das Heu.
Man unterscheidet hier zwischen Einzelfuttermitteln und Mischfuttermitteln. Zur Gruppe der *Einzelfuttermittel* gehören u. a. Hafer, Gerste und Mais, die im folgenden besprochen werden.
Mischfutter sind, wie der Name schon sagt, aus verschiedenen Futterkomponenten zusammengesetzt und werden in Form von Preßlingen, sog. Pellets, angeboten. Auch sie sollen ausführlich vorgestellt werden.

Hafer Der Hafer ist wohl das bekannteste und in unseren Breiten das traditionelle Kraftfutter. Wie alle Getreidesorten enthält er kaum Calcium (Ca), aber viel Phosphor (P), was bei Mineralfuttergaben dringend beachtet werden muß. Als Gegengewicht zum phosphorreichen Getreide kann man Heu ansehen, das als Calciumlieferant wirkt, wenn es von entsprechenden Böden kommt.
Hafer bietet als Futtergetreide einige Vorteile. Abgesehen davon,daß er von den Pferden gerne gefressen wird, ist er wegen des hohen Spelzenanteils sehr gut verdaulich, da die Spelzen als Rohfaser wirken und somit den Verdauungsprozeß günstig beeinflussen. Hafer enthält zusätzlich auch noch Fettanteile, die ebenfalls die Verdauung fördern

und zusätzlich eine gewünschte Wirkung auf das Fell haben (Fellglanz).
Die Qualitätsmerkmale für Hafer sind Sauberkeit und Gewicht. Staubiger oder schimmeliger Hafer gehört nicht in den Pferdemagen. Öffnet man den Futtersack und stellt fest, daß der Händler offensichtlich seine letzten Reste zusammengefegt und das Ganze ordentlich mit dem Dreck vermischt hat, der gerade auf dem Lagerboden lag, reklamiere man den Hafer sofort. War der Händler ein guter Händler, nimmt er seine Ware anstandslos zurück und tauscht sie um; wenn nicht, wird es allerhöchste Zeit, seinen Futtermittelhändler zu wechseln.
Das zweite Qualitätsmerkmal, Gewicht, wird nach Gewicht pro Liter bewertet. Guter Hafer sollte etwa 550–600 g pro Liter wiegen. Ist der Hafer leichter, muß man dem Pferd entsprechend mehr anbieten. Da dadurch der Spelzenanteil, d. h. Rohfaseranteil des Futters steigt (mehr Körner, also auch mehr Spelzen), kann der Freizeitreiter mit diesem an sich schlechteren Hafer sogar ganz zufrieden sein, vor allem dann, wenn er einen entsprechenden Preisnachlaß bekommt.
Es gibt verschiedene Hafersorten. Aus diesem Grund gibt es auch bei den Spelzen der Körner verschiedene Färbungen. Man unterscheidet Gelbhafer, Weißhafer und Schwarzhafer. Unabhängig von der Sorte sind Haferkörner jedoch, wenn sie in Ordnung sind, innen hellweiß.
Hafer darf genausowenig wie Heu direkt nach der Ernte verfüttert werden. Er muß mindestens 8, besser 10 Wochen lagern, bis er verfüttert werden kann.
Zum ständigen Zankapfel im Zusammenhang mit der Haferfütterung gehört die Frage, ob Hafer gequetscht oder ungequetscht angeboten werden soll. Beides hat Vor- und auch Nachteile. Der ungequetschte Hafer regt die Pferde zu besserer Kautätigkeit an und hilft somit, der Entstehung von Zahnhaken vorzubeugen. Der gequetschte Hafer wird hingegen besser ausgewertet. Ein Nachteil des gequetschten Hafers ist seine begrenzte Haltbarkeit. Quetschhafer muß innerhalb von zwei Wochen verfüttert werden. Er verdirbt leicht und kann wegen seines Fettgehaltes ranzig werden.
Ein weiterer Streitpunkt ist die Frage, ob Hafer einen direkten Einfluß auf das Temperament der Pferde und Ponys hat oder nicht. So bekommt man immer wieder zu hören: Hafer wirkt auf Ponys wie Alkohol auf Menschen. Herr Prof. Dr. Helmut Meyer vom Institut für Tierernährung der Tierärztlichen Hochschule Hannover hält dagegen, daß bisher im Hafer keine besonderen Inhaltsstoffe nachgewiesen werden konnten, die mit Sicherheit Einfluß auf das Temperament haben.
Wie dem auch immer sei, meiner persönlichen Erfahrung nach stärkt Hafer die Kampfmoral zumindest der Angehörigen der Robustrassen ganz ungemein. Blanken Hafer (Hafer pur) setze ich deshalb auch nur dann ein, wenn Kampfmoral und Durchhaltewillen erwünscht sind: bei Distanzritten und längeren Wanderritten. Ob und wieviel Hafer ein Pferd, egal ob groß oder klein, verträgt und braucht, sollte von Pferd zu Pferd ausprobiert werden. Als Richtwert kann man sich dabei folgendes merken: 1 kg Hafer enthält verdau-

liche Energie für ca. 3 Stunden gemütlichen Schritt, aber nur für ungefähr 15 Minuten Galopp.

Gerste Gerste ist das Kraftfutter des Orients. Im Vergleich zum Hafer hat sie vor allem einen geringeren Rohfaseranteil, aber auch der Eiweiß- und Fettgehalt ist geringer. Gerste stellt dem Pferd trotzdem pro Kilogramm mehr verdauliche Energie zur Verfügung als Hafer, deshalb ersetzen 0,9 kg Gerste 1 kg Hafer.
Gerste sollte dem Pferd immer zumindest gequetscht, wenn nicht gar grob geschrotet verabreicht werden, denn sie ist recht hart und kann wegen der geringen Korngröße von den Backenzähnen der Pferde nur schlecht gemahlen werden.
Weil nicht ausgeschlossen werden kann, daß reichliche Gersterationen die Entstehung von Hufrehe fördern können, sollte nicht mehr als die Hälfte des Kraftfutters aus Gerste bestehen.

Mais Mais ist noch energiereicher als Gerste. 0,8 kg Mais ersetzen 1 kg Hafer. Er zeichnet sich aus durch einen geringen Eiweiß- und Rohfaseranteil. Der Energiegehalt kommt durch den relativ hohen Fettgehalt zustande.
Für die Freizeitreiterei ist Mais uninteressant; er sollte Hoch- und Höchstleistungspferden vorbehalten bleiben.

Mischfutter Wie der Name schon sagt, werden die Futtermittel aus verschiedenen Komponenten zusammengemischt, die so aufeinander abgestimmt werden, daß sie in ihrer Ausgewogenheit den Bedürfnissen der Pferde entsprechen.
In aller Regel wird dieser Futtertyp in Form von Preßlingen, sog. Pellets, angeboten, die einen Durchmesser von 4–12 mm haben können. Ob man große oder kleine Pellets wählt, ist Ansichtssache. Ein Vorteil der großen Pellets ist, daß man sie auch als sog. Lekkerlis benutzen kann. Die Größe hat jedoch keinerlei Einfluß auf die Freßdauer bzw. Futteraufnahmezeit.
In der Literatur findet man immer wieder den Rat, an Ponys keine großen Pellets zu verfüttern. Da aber für die Island-Pferde-Züchter- und Besitzervereinigung e. V. ein Robustpferdefutter entwickelt wurde, das in einer Pelletgröße von 10 mm angeboten wird, und Isländer meist nun wirklich kein sehr großes Maul haben, halte ich diesen Rat nicht für unbedingt stichhaltig.
Die wichtigsten Informationen über ein Mischfutter kann man über den Sackanhänger bekommen. Meist stehen auf der Rückseite auch noch Fütterungsempfehlungen, an denen man sich gut orientieren kann.
Mischfuttermittel sind wegen ihrer einfachen Handhabung, der gleich bleibenden Qualität und der günstigen Nährstoffzusammensetzung für die Fütterung von Freizeitpferden empfehlenswert. Sie werden als Alleinfutter und als Ergänzungsfutter angeboten.

Alleinfutter
Der Name ist irreführend. Es genügt durchaus nicht, einem Pferd lediglich Alleinfutter anzubieten. Zwar wird dadurch der Rohfaserbedarf der Pferde prozentual gedeckt, nicht aber der Bedarf an strukturierter Rohfaser. Auf Heu oder Stroh kann deshalb nicht verzichtet werden.

Beim Einsatz von Alleinfutter wird eine zusätzliche Gabe von Mineralfutter überflüssig, solange man sich an die Fütterungsempfehlungen hält.
Alleinfutter und Stroh können bei Heuallergikern eine andere Fütterungsmethode ersetzen.

Ergänzungsfutter
Es gibt spezielle Ergänzungsfuttermittel für Fohlen (Fohlenstarter) und für Zuchtpferde, die jedoch für den Freizeitpferdefreund kaum von Bedeutung sind. Sie werden hier nur der Vollständigkeit halber erwähnt.
Von den Ergänzungsfuttermitteln für Pferde ist der Typ »Ergänzungsfutter zum Haferersatz« besonders interessant. Dieses Futter ist ideal als Ergänzung zu Heu oder Silage und erfüllt alle Anforderungen, die ein Freizeitreiter an ein Kraftfutter für sein Pferd stellt. Mineralfuttergaben sollten jedoch noch zusätzlich einkalkuliert werden, da der Mineralstoffgehalt im Heu und in der Silage meist nicht ausreicht und außerdem noch erheblich schwanken kann.

Weizenkleie
Sie ist extrem phosphorhaltig, was man bei der Mineralfuttergabe mitberücksichtigen sollte. Außerdem beträgt der Eiweißgehalt 110 g auf 1 kg Weizenkleie, was sehr viel ist. Mehr als 1 bis 2 Pfund pro Tag sollte man deshalb nicht verfüttern. Weizenkleie ist vitaminreich und hat eine leicht abführende und damit diätetische Wirkung. Von den Pferden wird sie gerne feucht gefressen. Wer einmal Weizenkleie gesehen hat, dem ist das klar. Am liebsten mögen Pferde sie zusammen mit Hafer und Leinsamen als Mash (siehe Mash).

Leinsamen
Leinsamen hat einen Eiweißanteil von mehr als 25%, der Fettgehalt liegt über 30%. Dieser hohe Fettgehalt hat einen günstigen Einfluß auf das Fell, außerdem enthält Leinsamen reichlich Schleimstoffe mit einer schützenden Wirkung auf die Darmschleimhaut. Dennoch ist es nur natürlich, daß man Leinsamen bei diesem hohen Eiweiß- und Fettgehalt nicht gerade pfundweise an Pferde verfüttern kann. Leinsamen muß dem Pferd entweder geschrotet oder gekocht angeboten werden; in ungeschroteter Form verhindert die harte Schale der Samen die Verdauung.
Vom geschroteten Leinsamen (eine alte Kaffeemühle eignet sich bestens zur Herstellung) kann man täglich rund 100 g an ein Großpferd verfüttern; mehr ist wegen seines Blausäuregehaltes nicht angebracht. Kleinere Pferde bekommen entsprechend weniger. Besser ist es, den Leinsamen vorher abzukochen. Man sollte ihn etwa 10 Minuten kochen lassen, weil man so eine Entgiftung erreichen kann. Ich kann jedem nur raten, dabei ordentlich umzurühren, da angebrannter Leinsamen widerlich riecht und außerdem den Topf ruiniert.
Gekochter Leinsamen kann auch in etwas größeren Mengen verfüttert werden, obwohl es, wenn nicht vom Tierarzt in einem Sonderfall ausdrücklich verlangt, in der Regel nicht nötig ist, einem Pferd mehr als 100 g pro Tag zu geben.

Mash
Mash ist ein altbewährtes Futtergemisch, das sich leicht selbst herstellen läßt.

Das Rezept:
1 kg Hafer
100 g Leinsamen geschrotet,
besser gekocht
500 g Weizenkleie
1 Prise Salz (muß nicht unbedingt sein)

Das Ganze wird mit kochendem Wasser übergossen, danach läßt man es abgedeckt ziehen. Der Brei wird später lauwarm verfüttert.
Mash bietet sich in Zeiten erhöhter Belastungen immer als ideale Futterergänzung an, also z. B. im Fellwechsel, nach großer Anstrengung, nach Krankheiten etc. Meist genügt es auch, den Pferden während einer solchen Zeit Mash ein- bis zweimal wöchentlich anzubieten. In der Gestaltung der Futterration sollte man allerdings bedenken, daß Mash sehr phosphorreich ist; das bedeutet, daß die Mineralfuttergabe darauf abzustimmen ist.
Inzwischen gibt es Mash auch schon als Fertigmischung; das fertige Mash ist im Vergleich zu dem selbst hergestellten allerdings sehr teuer.

Trockenschnitzel
Sie sind ein Abfallprodukt der Zuckerherstellung. Der Zuckergehalt liegt noch bei 5–8%.
Trockenschnitzel enthalten stark quellende Pektine. Aus diesem Grund sollen die Schnitzel erst verfüttert werden, nachdem sie 12 Stunden lang eingeweicht worden sind (4 l Wasser auf 1 kg Trockenschnitzel). Erst dann hat man die Gewähr, daß sie im Magen nicht mehr weiterquellen können. Da Pferde nicht erbrechen können, würde bei einer Trockenfütterung von Schnitzeln die Gefahr von Schlundverstopfungen und Magenrissen bestehen. Bei einem Magenriß kann auch der beste Tierarzt dem verzweifelten Pferdefreund nur noch die Telefonnummer des nächsten Pferdemetzgers, der auch Notschlachtungen durchführt, weitergeben.
Mehr als 2 kg Schnitzel pro Tag sollte man nicht verfüttern.
Vom Energiegehalt her sind sie mit dem Hafer zu vergleichen. Aus diesem Grund werden sie dem Kraftfutter zugerechnet, obwohl sie nach dem Quellen eigentlich zu den Saftfuttermitteln gehören.
Im Handel gibt es auch sog. melassierte Trockenschnitzel, ihnen wurde Melasse zugesetzt. Diese Trockenschnitzel haben einen höheren Energiegehalt und werden nicht so lange eingeweicht, weil sie wegen des höheren Zuckeranteils leicht vergären können.

Saftfutter
Zu der Gruppe der Saftfuttermittel gehören alle Futtermittel mit einem hohen Wasseranteil. Wie bereits am Beispiel Trockenschnitzel zu sehen ist, kann es zwischen den Futtermittelgruppen zu Überschneidungen kommen. Die meisten Pferdehalter verstehen unter Saftfutter in erster Linie Gras, das auch als Grünfutter eine eigene Gruppe bildet. Daneben werden auch Möhren und Obst dieser Futtermittelgruppe zugeordnet.

Futtermöhren Wegen ihres recht hohen Zuckeranteils werden sie von Pferden gerne gefressen. Der Zuckeranteil kann 50% der Trockensubstanz erreichen.
Futtermöhren sind reich an β-Carotin. Sie können deshalb die Vitamin A-Ver-

sorgung sicherstellen und helfen, die Abwehrkraft gegen Infektionen zu stärken und zu erhalten. Schon 2–3 kg reichen aus, um den Tagesbedarf an β-Carotin zu sichern. Vor allem im Frühjahr, wenn der sowieso recht geringe Carotingehalt im Heu weitgehend abgebaut ist, können Futtermöhren eine wirkliche Hilfe in der Fütterung sein.
Möhren ersetzen keinesfalls die regelmäßige Wurmkur; es wäre allerdings denkbar, daß sie eine Wurmkur unterstützen. Diese Frage ist jedoch noch nicht mit Sicherheit geklärt. Einige Fütterungsexperten bestreiten entschieden, daß Möhren überhaupt eine Auswirkung auf den Wurmbefall bei Pferden haben.

Obst Obst wird ebenso wie Möhren gerne von Pferden angenommen. Gegen den berühmten Apfel zur Belohnung ist auch sicherlich nichts einzuwenden. Schwierig wird es nur dann, wenn Pferde ohne vorherige Gewöhnung an das Obst zur Zeit der Obsternte auf Weiden mit Obstbäumen gebracht werden. Es besteht nämlich die Möglichkeit, daß die Tiere dann unter Umständen mehr Obst aufnehmen, als sie vertragen. Die Folgen können sich in Form von Kolik oder Durchfall bemerkbar machen.
Nach vorheriger Gewöhnung ist das Risiko einer Erkrankung jedoch gering, zumindest in bezug auf Äpfel und Birnen. Anders ist es mit Pflaumen und anderem Steinobst, da die Steine Blausäure enthalten. Ob und ab welcher Menge mit gesundheitlichen Schäden beim Pferd zu rechnen ist, kann ich nicht sagen. Einige Pferde entwickeln sich bei Pflaumen zu regelrechten Freßakrobaten, die die Steine rechts und links fein säuberlich aus dem Maul fallen lassen. Besser ist es jedoch, man verläßt sich nicht darauf, daß ausgerechnet das eigene Pferd diese Kunst beherrscht!
Bei der Obstverarbeitung bleiben als Trester bezeichnete Rückstände zurück, die in der Herstellung von Mischfuttermitteln Verwendung finden.

Mineralfutter
Mineralfutter enthält Mineralstoffe und Vitamine. Diese sollen eventuell auftretende Versorgungsengpässe verhindern und Mißverhältnisse in der Mineralstoffversorgung ausgleichen. Mineralfutter sollte das ganze Jahr über zugefüttert werden. Die einzige Ausnahme stellt die Fütterung mit Alleinfuttermitteln dar; bei dieser Fütterungsmethode sind zusätzliche Gaben an Mineralfutter überflüssig, wenn die Gabe von Alleinfutter ausreichend ist.
Mineralfutter wird meist pelletiert oder in Form von Briketts angeboten. Immer wieder gibt es jedoch Pferde, die sich als konsequente Mineralfutterverweigerer entpuppen. In solchen Fällen kann ein Multivitamin- und Mineralkonzentrat in Form von Sirup, wie z. B. Combigestal, Abhilfe schaffen. Dieser Sirup haftet an jedem anderen Futter und kann nicht mehr aussortiert werden, außerdem wird er von den Pferden wegen seines hohen Melasseanteils sehr gern angenommen und kann deshalb das Kraftfutter auch für schlechte Fresser attraktiver machen.
Wird Getreide als Kraftfutter eingesetzt, sollte man ein Mineralfutter mit einem Ca-P-Verhältnis von mindestens 4:1 wählen, um den Phosphorüberschuß des Getreides auszugleichen. Die ge-

naue Zusammensetzung und die Dosierungsanleitung ist dem jeweiligen Pakkungsbeizettel zu entnehmen.

Zweige

Fast alle Pferde knabbern gerne an Zweigen. Gerade im Winter, da die Pferde dann oft unter Bewegungs- und Beschäftigungsmangel leiden, sind Zweige ein regelrechtes Geschenk für die Pferde. Sie bieten einen relativ lang anhaltenden Beschäftigungsanreiz. Als Futterergänzung eignen sich die Zweige aller Obstbäume, aber auch Zweige fast aller Laubbäume und nicht zuletzt der jährlich anfallende Tannenbaum.
Zweige giftiger Pflanzen, wie z. B. der Eibe, dürfen selbstverständlich nicht verfüttert werden.

Brot und Zucker

Weder Brot noch Zucker sind im engeren Sinn Futtermittel, trotzdem wird beides unseren Pferden ständig zu fressen angeboten und von ihnen mit Begeisterung aufgenommen. Als Belohnung oder als nettes Mitbringsel, wenn man die Pferde von der Weide holt, sind sie beliebt und angebracht, allerdings in Maßen.
Brot muß hart, trocken und unverdorben sein. Weiches Brot vor allem in größeren Mengen kann Schlundverstopfungen und Koliken hervorrufen. Brot als echtes Futtermittel zu behandeln und es sich von Großbäckereien als Abfall gleich sackweise abzuholen, ist unsinnig und kann geradezu gefährlich sein.
Nun zum Zucker. Jedes Kind weiß heute, daß Zucker Karies, also Zahnfäule, hervorrufen kann. Zwar werden die Kauflächen der Pferdezähne bei ordentlicher Kautätigkeit so abgeschliffen, daß sich Karies meist nicht festsetzen kann (insofern haben es unsere Pferde besser als ihre Herren); bei ungenügender Kautätigkeit kann die Karies aber doch einmal schneller sein als der Abrieb der Kaufläche und dann ernsthafte Probleme heraufbeschwören. Es gibt Schätzungen, nach denen etwa jedes hundertste Pferdegebiß Karies aufweist.
Jetzt wird der Leser natürlich sagen; Ja, aber doch nicht von den zwei Zuckerstückchen und dem Stück Brot, das mein Tier am Tag bekommt? Schön, aber was ist, falls Pferde auf Weiden grasen, die an bei Spaziergängern beliebten Wegen liegen? Vor allem in Stadtrandgebieten wird »Pferde füttern« schnell zu etwas ähnlichem wie Enten füttern im Park. Der Pferdehalter hat dort keinerlei Kontrolle mehr darüber, wieviel Zucker oder Brot sein Pferd bekommt.
Hier hilft nur ein Stromdraht, der mit Hilfe von Abstandhaltern die Tiere möglichst weit von den Spaziergängern abhält, so daß diese das Interesse am Füttern verlieren. Noch besser ist es, die Pferde nur nachts auf solche Weiden zu lassen, da sie dann in Ruhe grasen können.

Erhaltungsbedarf/ Leistungsbedarf

Sobald man sich mit der Fütterungslehre etwas wissenschaftlicher beschäftigen will, stößt man ständig auf diese beiden Begriffe. Um das Verständnis fachwissenschaftlicher Ausführungen

zu erleichtern, sollen diese Begriffe kurz geklärt werden.
Der **Erhaltungsbedarf** ist jener Bedarf an Nährstoffen, den ein Pferd hat, das nur seine eigenen Körperfunktionen aufrechterhalten muß. Das sind im einzelnen:

- die Funktion seiner Organsysteme,
- seine Körpertemperatur,
- sein natürlicher Bewegungsdrang, der notwendig ist, um genügend Wasser und Futter zu bekommen und seine Stellung in der Herde zu halten.

Die Höhe des Erhaltungsbedarfs hängt ab von Gewicht, Temperatur und Futterverwertung des einzelnen Tieres. Die Futterverwertung wiederum ist abhängig von Alter, Temperament und Rasse eines Pferdes.
Der **Leistungsbedarf** setzt sich zusammen aus dem Erhaltungsbedarf und dem zusätzlichen Bedarf an Nährstoffen, die eine bestimmte Leistung ermöglichen. Bei Freizeitpferden wird es sich dabei meist um die Arbeitsleistung unter dem Sattel handeln. Unter Leistung versteht man jedoch nicht nur Arbeit im Dienste des Menschen, sondern auch Wachstum bei Jungpferden, Trächtigkeit sowie Milchleistung der Stute und Deckleistung des Hengstes.

Fütterungsgrundsätze

Die im folgenden genannten Fütterungsgrundsätze beziehen sich auf die Leistung, die Freizeitpferde zu erbringen haben.

1. Die Fütterung muß artgerecht sein

Pferde konnten in der freien Natur den ganzen Tag über kleine Mengen Futter aufnehmen. Im Laufe der Jahrhunderttausende paßte sich das gesamte Verdauungssystem des Pferdes in Größe und Arbeitsweise an die langsame, stete Aufnahme von Futter in kleinen Mengen an.
Pferde sind unter natürlichen Bedingungen mehr als die Hälfte des Tages mit dem Fressen beschäftigt.
Eine artgemäße Haltung sollte diesen jahrtausendealten Gewohnheiten so weit wie möglich entsprechen. Aus diesem Grund müßte den Pferden mindestens dreimal am Tag Futter angeboten werden, das eine stundenlange Futteraufnahmezeit erfordert. Wenn man es irgendwie einrichten kann, sollte man also mindestens drei Mahlzeiten einplanen. Nun ist es vielen Pferdefreunden, die ihre Pferde in Eigenregie im Offenstall halten, nicht möglich, dreimal täglich zum Stall zu fahren. Im Sommer ist das Problem der artgemäßen Fütterung leicht zu lösen, indem man den Pferden halbtägigen Weidegang erlaubt. Im Winter besteht ebenfalls keine Schwierigkeit, wenn man Heu zur freien Verfügung füttern kann – nur wer hat schon so viel Heu? Meist ist es so, daß Heu und eventuelle Kraftfuttergaben nicht ausreichen, den Freß- und Bewegungstrieb zu befriedigen. In solchen Fällen hat es sich als günstig erwiesen, für jeweils drei Pferde einen Bund Futterstroh morgens und abends zur Ration hinzuzugeben. Die Pferde haben dann immer wieder die Möglichkeit, ihren Freßtrieb zu befriedigen, ohne daß die Gefahr einer Verfettung besteht.

2. Die Fütterung soll nicht nur artgerecht, sie muß auch bedarfsgerecht sein

Das bedeutet, einfach ausgedrückt, daß ein Pferd das bekommen soll, was es braucht – nicht mehr, aber auch nicht weniger. Das wichtigste Kriterium dabei ist das Auge des Herrn: Man muß sehen können, ob ein Pferd »passend« ist.

Die Flanken sollen gefüllt sein und die Hüftknochen nicht vorstehen. Die Bauern sagten früher zu Pferden mit stark vorstehenden Hüfthöckern »Hutständer« oder »da kann man ja 'nen Hut dranwerfen«. Die Rippen sollen nicht sichtbar, aber fühlbar sein. Eine leichte Fleischschicht zwischen Rippen und Haut ist günstig, da sie gegen Kälte isoliert. Starke Fettpolster auf der Schulter sind ein sicheres Anzeichen dafür, daß das Pferd zu dick ist.

Die Gesundheit dicker Pferde ist wesentlich stärker gefährdet als die »passend« gefütterter Pferde. Das gesamte Fundament mit seinen Sehnen und Gelenken ist höheren Belastungen ausgesetzt. Zusätzlich neigen fette Pferde eher zu Hufrehe (Entzündung der Huflederhaut) und Kreuzverschlag (akute Muskelerkrankung nach Überanstrengung).

Wenn sich jährlich Tausende von Menschen mit Messer und Gabel umbringen, so ist das ihre Entscheidung; wir müssen nicht auch noch unsere Pferde durch Völlerei ruinieren.

Der Futterbedarf eines Pferdes hängt ab von Faktoren wie Größe, Gewicht, zu erbringender Leistung etc., aber auch von der Futterverwertung. Sie unterscheidet sich von Pferd zu Pferd, aber auch von Rasse zu Rasse. Meist sind Vertreter der Robustrassen genügsamer als Großpferde. Die Ursache hierfür sind weniger Temperament, Nervosität und Bewegungsdrang.

Aber wieviel bekommt nun ein Pferd etwa? Die Faustregel in der Sportpferdefütterung lautet:

1 kg Heu pro 100 kg Lebendgewicht,
1 kg Kraftfutter (Hafer) pro 100 kg Lebendgewicht.

Das würde bedeuten, einem einigermaßen wuchtigen Isländer 4 kg Hafer zu geben, bei einem Fjordpferd oder Haflinger wären es 5 kg.

Solche Mengen Kraftfutter sind bei Sportpferden, die in der Halle oder auf dem Reitplatz geritten werden und die sich mit Austrahlung präsentieren sollen, gerechtfertigt, aber sicherlich nicht bei Pferden, die psychisch so ausgeglichen wie möglich sein sollen. In der Freizeitreiterei gilt deshalb eher die Faustregel 1 kg Kraftfutter für jede Stunde Reiten pro Tag, ansonsten gibt es im Winter Heu und Stroh und im Sommer Weidegang nach dem Augenmaß des Pferdehalters (Mineralfutter nicht vergessen.)

3. Das Einhalten des richtigen Ca-P-Verhältnisses muß gewährleistet sein

In der Pferdefütterung muß ein Ca-P-Verhältnis von 1,5:1 bis 2:1, bezogen auf die Gesamtfutterration, eingehalten werden. Gemeint ist damit das Verhältnis von Calcium und Phosphor. Beide Mineralstoffe werden hauptsächlich in den Knochen eingelagert und sind für die Gesundheit des Knochengerüsts von größter Wichtigkeit. Daneben haben sie aber auch Einfluß auf die Reizleitung in den Nerven und im Energiestoffwechsel der Muskulatur.

Mineralfutter ermöglicht es, das Ca-P-Verhältnis einzuhalten. Wird Getreide gefüttert, sollte man ein Mineralfutter mit einem Ca-P-Verhältnis von 4:1 wählen.

4. Einen Salzleckstein anbieten

Nun kurz zum Salzleckstein. Er sollte immer angeboten werden. Der Natriumbedarf eines Pferdes schwankt ständig, und das Pferd spürt selbst am besten, wieviel Natrium es braucht. Ohne genügend Natriumsalz kann das Pferd seine Schweißproduktion nicht aufrechterhalten. Dadurch kann es zu einem Wärmestau kommen, der schlimmstenfalls einen Kreislaufkollaps verursachen kann.

5. Futtermittel müssen immer sauber und von einwandfreier Qualität sein

Dies ist ein absolutes Muß, da die Atmungsorgane und das Verdauungssystem der Pferde sehr anfällig sind.

6. Jede Futterumstellung darf nur allmählich erfolgen

Der Grund hierfür ist der empfindliche Magen- und Darmtrakt der Pferde. Mit zu großer und zu häufiger Abwechslung im Futterplan tut man deshalb den Tieren gegenteiligen Gerüchten zum Trotz keinen Gefallen.

7. Die in Kraftfutter enthaltene Energie steht frühestens nach 2 Stunden für Leistungen zur Verfügung

Kraftfutter braucht etwa 2 Stunden, um verdaut zu werden. Es hat also keinen Zweck, sein Pferd mit Kraftfutter vollzustopfen und dann anschließend sofort loszureiten, im Gegenteil: Vollgefressen läßt die Leistungsfähigkeit erst einmal nach. Deshalb sollte man sein Pferd nach der Futteraufnahme, auch nach dem Grasen, mindestens 1 Stunde in Ruhe lassen, bevor man es arbeitet.

8. Pferde dürfen im Gelände nur das fressen, was der Reiter kennt

Bei der Vielzahl an Giftpflanzen, die es heute in der Natur noch gibt, sollte der Reiter im Zweifelsfall dem Pferd das Grasen lieber verbieten, als eine mögliche Vergiftung in Kauf zu nehmen. Grasen darf ein Pferd im Gelände erst dann, wenn ein Kontakt mit Giftpflanzen auszuschließen ist.

9. Sauberes Wasser muß immer ausreichend zur Verfügung gestellt werden

Einige Fachleute verlangen dabei eine Wassertemperatur von 9–12 °C. Freizeitreiter, die ihre Pferde in Eigenregie halten, müssen aber trotzdem nicht mit Kühlakkus im Sommer und Tauchsieder im Winter in Richtung Stall losziehen. Pferde stellen sich auf die Wassertemperaturen, die sie draußen vorfinden, in aller Regel gut ein.

10. Pferde sollen nicht direkt nach einer größeren Anstrengung oder wenn sie erhitzt sind, trinken

Bei einer solchen Gelegenheit läßt man sie zunächst verpusten und legt dann zusätzlich Heu oder Stroh auf das Wasser. Ist weder das eine noch das andere zur Hand, tränkt man das Pferd mit eingelegtem Gebiß, um so eine zu schnelle Wasseraufnahme durch hastiges Trinken zu verhindern und um Koliken zu vermeiden.

Die Pflege des Freizeitpferdes

Zur Pflege unserer Pferde gehören die artgerechte Unterbringung und die Ernährung; beide Punkte wurden bereits ausführlich behandelt. In diesem Abschnitt geht es nun um die Pflegemaßnahmen, die direkt am Pferd durchgeführt werden.

Maßnahmen gegen Zahnhaken, Wurmbefall und Infektionskrankheiten

Die Pferdepflege ist stets auch als aktive Gesundheitsvorsorge zu verstehen. Deshalb sollen hier zunächst die Zahnpflege, die Entwurmung und die nötigen Impfungen besprochen werden. Da diese Pflegemaßnahmen im weitesten Sinne veterinärmedizinische Eingriffe in das Leben der Pferde darstellen, wird hier der Gesichtspunkt *Gesundheitsvorsorge* besonders deutlich.

Zahnhaken

Im vorstehenden Abschnitt über die Fütterung wurde immer wieder über die Kautätigkeit der Pferde gesprochen. Wenn die Tiere nicht genügend kauen, können sog. Zahnhaken entstehen. Der Abrieb der Zähne, die ständig von unten aus dem Kiefer nachgeschoben werden, ist dann nicht gleichmäßig. Es bleiben Ecken und Kanten stehen, die ständig größer und länger werden und die Futteraufnahme immer mehr erschweren. Ein Verdacht auf Zahnhaken ist dann gerechtfertigt, wenn Pferde deutlich länger brauchen als ihre Stallgenossen, um ihr Futter aufzunehmen, den Pferden das Futter immer wieder aus dem Maul fällt oder wenn sie aus unerklärlichen Gründen abmagern. Bei all diesen Symptomen sollten die Zähne kontrolliert werden. Hierfür sind regional unterschiedlich die Tierärzte oder die Schmiede zuständig. Sind tatsächlich Zahnhaken vorhanden, können sie ohne Probleme abgeraspelt werden.

Bei einem Pferd, das bereits einmal wegen Zahnhaken behandelt worden ist, sollte man die Zähne mindestens zweimal im Jahr kontrollieren lassen, weil durch die Korrektur zwar die Haken behoben werden können, nicht aber die ungenügende Kautätigkeit des Pferdes. Meist hat ein Pferd, das einmal Zahnhaken hatte, immer wieder Ärger damit.

Wurmbefall

Vorhin wurde erwähnt, unerklärliche Abmagerung könne ihre Ursache in Zahnhaken haben. Zahnhaken sind jedoch nicht die einzige Erklärungsmöglichkeit. Auch starker Wurmbefall kann sich durch Abmagern des befallenen Pferdes bemerkbar machen. Ein weiterer Hinweis auf einen möglichen Wurmbefall ist gegeben, wenn sich ein Pferd immer wieder an der Schweifrübe scheuert. Wird ein Pferd regelmäßig entwurmt, dürften diese Symptome an sich nie auftreten. Zwar sind Pferde nie ganz frei von Parasiten; sie werden davon aber nicht beeinträchtigt, solange der Befall nicht überhandnimmt.

Erwachsene Freizeitpferde sollten viermal im Jahr entwurmt werden und zwar:

- einmal zur Zeit des Jahreswechsels mit einem Mittel, das auch gegen die Larven der Dasselfliege wirksam ist,
- 1 Woche vor Beginn der Weidesaison, damit die mit dem Kot abgesetzten Parasiten nicht mit auf die Weide kommen,
- einmal während der Weidesaison und schließlich
- das vierte Mal am Ende der Weidesaison.

Wichtig ist, daß alle Pferde eines Bestandes gleichzeitig entwurmt werden. In der Frage, welche Wurmmittel man anwendet, sollte man sich von seinem Tierarzt beraten lassen. Es ist angezeigt, die Präparate regelmäßig zu wechseln, da bereits Resistenzen gegen bestimmte Wurmmittel nachgewiesen wurden.
Am weitesten verbreitet sind heute sicherlich die Wurmpasten. Sie werden dem Pferd direkt in die Maulhöhle gedrückt. Der Pferdehalter hat so die Gewißheit, daß das Pferd das Mittel aufgenommen hat. Andere Darreichungsformen sind Pulver und Granulat. Entschließt man sich, Wurmmittel unter das Futter zu mischen, sollte man das Futter anfeuchten, um zu verhindern, daß das Pferd seine Medizin aussortiert.

Infektionskrankheiten

Nur kurz zu den Impfungen als Maßnahme gegen Infektionskrankheiten.
In den letzten Jahren und Jahrzehnten hat der Infektionsdruck unter den Pferden erheblich zugenommen, da heute fast jeder Pferdehalter in der einen oder anderen Form mit seinem Pferd an Veranstaltungen teilnimmt, was früher nicht der Fall war.
Auch Freizeitreiter besuchen in der Regel Veranstaltungen wie Reiterspiele und Ausritte, bei denen sich das eigene Pferd bei anderen anstecken kann. Man sollte sein Pferd deshalb so gut wie möglich schützen. Außer der gewissermaßen moralischen Verpflichtung dem Tier gegenüber kommt man mit einer Schutzimpfung auch rein wirtschaftlichen Erfordernissen nach. Es ist sicherlich sinnvoller, 30,– oder auch 50,– DM für eine Impfung auszugeben, um einem gesunden Pferd seine Gesundheit zu erhalten, als später vielleicht 150,– DM ausgeben zu müssen, damit eine infektiöse Erkrankung ausgeheilt wird, die durch eine rechtzeitige Impfung hätte vermieden werden können.
Ein heutzutage fast alltägliches Problem in der Pferdehaltung ist der Husten als Symptom einer Atemwegsinfektion. Da sich daraus im ungünstigsten Fall eine chronische Erkrankung mit einer dauernden Einschränkung der Leistungsfähigkeit entwickeln kann, sollte ein Pferd so gut wie möglich geschützt werden. Aus diesem Grund sollte die Schutzimpfung gegen Atemwegsinfektionen auch für Freizeitpferde selbstverständlich sein. Für die Grundimmunisierung wird ein Pferd zweimal im Abstand von etwa 4–6 Wochen geimpft, anschließend sollte etwa im Halbjahresabstand eine Auffrischimpfung erfolgen. Es gibt Impfstoffe auf dem Markt, die mit einem Impfschutz gegen Tetanus gekoppelt sind. Bevor solche Kombinationspräparate eingesetzt werden, sollte man überprüfen, ob eine Erneuerung des Impfschutzes gegen Tetanus bereits notwendig ist.

Auch die Tetanusschutzimpfung sollte für jedes Pferd obligatorisch sein. Der Wundstarrkrampf kann als Folge von kleinen, meist unblutigen Verletzungen auftreten, die als solche häufig gar nicht ernst genommen werden. Bricht die Krankheit erst einmal aus, sind die Überlebenschancen des Pferdes schlecht, und selbst, wenn das erkrankte Tier überleben sollte, ist die Krankheit für das Pferd eine furchtbare Quälerei. Um eine Grundimmunität aufzubauen, muß ein Pferd zweimal im Abstand von 4 bis 6 Wochen geimpft werden, danach sollte man die Impfung alle 2 Jahre auffrischen, um den Impfschutz zu erhalten.

In tollwutgefährdeten Gebieten kann, vor allem bei Weidepferden, zusätzlich noch eine Schutzimpfung gegen Tollwut angebracht sein. Eine einmalige Impfung mit dem Serum gegen Tollwut schützt das Pferd 1 Jahr lang.

Alle Impfungen müssen ordnungsgemäß im Impfpaß vermerkt werden, damit man selbst und natürlich auch der Tierarzt einen genauen Überblick über den Impfschutz eines bestimmten Pferdes hat.

Soll ein Freizeitpferd zusätzlich in der Zucht eingesetzt werden, oder treten regional Infektionskrankheiten gehäuft auf, können weitere Schutzimpfungen wie z. B. gegen Virusabort oder Druse sinnvoll sein. Im Zweifel wird einem der Tierarzt sicherlich mit Rat und Tat zur Seite stehen.

Natürlich kann man nicht gegen alle Infektionskrankheiten impfen. Bei einigen wäre eine Impfung möglich, aber wirtschaftlich und medizinisch nicht sinnvoll, da die Krankheit zu selten ist; gegen andere Infektionskrankheiten gibt es keinen wirksamen Impfschutz. Weitere Vorbeugungsmaßnahmen gegen Infektionen sind:

- Größtmögliche Sauberkeit im Stall und auf der Weide; das beeinhaltet auch eine regelmäßige Entfernung von Kot und Urin.
- Neue Pferde sollten erst nach einer Beobachtungszeit von mehreren Tagen mit den anderen Pferden zusammengebracht werden.
- Eigenes Putzzeug und Sattelzeug sollte für jedes Pferd vorhanden sein und nicht für mehrere Pferde benutzt werden.

Putzen

Das Putzen des Pferdes ist viel mehr als ein bloßes Säubern. Das Putzen stärkt die Beziehung zwischen Mensch und Tier. Deshalb sollte man sein Pferd möglichst täglich putzen, auch wenn es nicht geritten wird. Das Pferd merkt dann auch, daß es nicht nur zur Arbeit geholt wird, und macht beim Einfangen auf der Weide, im Auslauf oder im Stall keine Schwierigkeiten.

Durch das Putzen lernt der Reiter seinen Freund besser kennen. Er lernt einzuschätzen, ob das Pferd nervös, unruhig, ungezogen oder ängstlich ist, während das Pferd die Stimme des Reiters und seine Art, sich zu bewegen, kennenlernt. So kann das beiderseitige Vertrauen wachsen. Auch lernt das Pferd auf ganz selbstverständliche Art, sich unterzuordnen, da es auf Befehl herumtreten, die Hufe geben und anderes tun muß. So entsteht die Disziplin, die im Umgang mit dem Pferd notwendig ist.

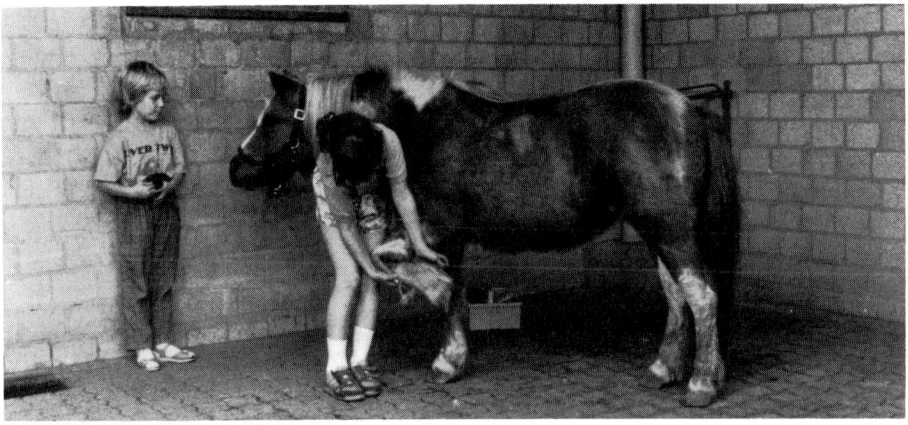

Gründliches Putzen sollte selbstverständlich sein und bereits der Jugend vermittelt werden.

Nicht zuletzt werden beim täglichen Putzen kleine Verletzungen und Schwellungen entdeckt und können behandelt werden, bevor sie sich zu größeren Gesundheitsstörungen auswachsen können.

Die Putzgeräte

- Striegel aus Gummi oder Metall
- Kardätsche
- Massagestriegel/Nadelstriegel/Plastikstriegel/Reformstriegel
- Mähnenbürste/Wurzelbürste
- Mähnenkamm und evtl. Verziehkamm
- 2 Schwämme unterschiedlicher Farbe
- Hufbürste/Hufkratzer
- Haarwechselreiniger
- Schere
- Putzhandschuh aus Gummi mit Noppen

Striegel und Kardätsche sind wohl die klassischen Putzgeräte schlechthin. Mit dem Striegel wird in kreisenden Bewegungen gearbeitet. Verklebte Stellen werden auf diese Weise aufgerauht und der Staub wird auf die Felloberfläche befördert. Anschließend wird das Pferd mit der Kardätsche gebürstet, die man immer wieder am Striegel abstreift. Im Striegel sammelt sich der Schmutz, der hin und wieder ausgeklopft werden muß. Das Motto bei der Arbeit mit Striegel und Kardätsche lautet: Langer Strich (über den Pferdeleib) und kurze Pause (zum Abstreifen). Striegel gibt es aus Metall und Gummi. Gummistriegel sind für die Arbeit am Pferdefell besser geeignet, weil sie weicher sind als Metallstriegel; diese ermöglichen dafür eine gründlichere Reinigung der Kardätsche. Striegel und Kardätsche sind weitgehend vom Massagestriegel abgelöst worden. Er trägt auch die Namen Nadelstriegel, Plastikstriegel und Reformstriegel und wahrscheinlich auch noch einige weitere, die mir nicht geläufig sind. Der Massagestriegel ist gleichermaßen gut geeignet, verklebte Stellen aufzurauhen wie Schmutz auszubürsten. Allerdings befreit er ein Pferd nie so gründlich vom Staub wie eine Kardätsche. Die vielen stumpfen Plastiknadeln üben einen Massageeffekt aus,

der Kreislauf und Stoffwechsel anregt und deshalb sehr zu begrüßen ist.
Vor dem Putzen wird das Pferd mit einem Sicherheitsknoten angebunden. Man verwendet dazu einen Führstrick mit Panikhaken.
Mit dem Putzen beginnt man vorne auf der linken Halsseite und arbeitet sich nach hinten vor. Danach kommt die rechte Seite an die Reihe. Auch hier beginnt man vorne am Hals. Die Beine werden nur mit der weichen Kardätsche, einer Wurzelbürste oder dem Putzhandschuh bearbeitet, vor allem unterhalb des Vorderfußwurzelgelenkes und des Sprunggelenkes, da hier keine Fleischpolster mehr sind und das Pferd deshalb empfindlich ist. Geputzt werden die Beine dem Strich des Fells entsprechend von oben nach unten.
Die Hufe werden mit einer eigenen Wurzelbürste und einem Hufkratzer gesäubert. Sie werden immer in der gleichen Reihenfolge aufgehoben. Meist fängt man dabei links vorne an. Pferde heben nach einiger Zeit ihre Hufe in der richtigen Reihenfolge selbst an, da sie extreme Gewohnheitstiere sind. Bei ihnen ist diese Eigenschaft noch ausgeprägter als beim Menschen. Das ist auch der Grund dafür, weshalb man die Körperteile eines Pferdes immer in der gleichen Reihenfolge putzen sollte. Es ist also keinesfalls ein formalistischer Unsinn, wie dies manche Reitschüler glauben. Jede angenehme Gewohnheit – und richtiges Geputztwerden gehört entschieden dazu – gibt dem Pferd Sicherheit und stabilisiert somit seine Psyche. Beim Putzen darf man keinesfalls die Stellen vergessen, an die das Pferd selbst nur schlecht oder gar nicht herankommt. Das sind besonders der Bauch, die Brust, die Innenseite der Hinterhand, aber auch die Ohren und die Unterseite des Kopfes.
Der Kopf sollte am besten mit dem weichen Putzhandschuh geputzt werden. Er paßt sich weich der Form des Kopfes an, er kratzt und stößt nicht, und die Noppen ermöglichen trotzdem eine gründliche Säuberung und eine sanfte Massage.
Mähne und Schweif sehen am besten aus, wenn sie von Hand verlesen werden. Dabei werden jeweils nur wenige Haare in die Hand genommen und verlesen, bis die Haare des Schweifes und der Mähne zum Schluß ganz locker fallen. Wichtig ist, daß beim Verlesen des Schweifes die Schweifrübe mit der linken Hand festgehalten wird, damit keine Haare ausgezogen werden. Für die tägliche Putzarbeit ist diese Methode jedoch oft zu zeitaufwendig. Man kann das Langhaar auch mit einer Wurzelbürste oder dem Massagestriegel bürsten, vorausgesetzt, man fängt unten an den Randspitzen an, arbeitet sich langsam nach oben vor und hält dabei vor allem den Schweif mit der linken Hand sehr fest, damit möglichst wenig Haare ausgezogen werden.
Zum Schluß kommen die beiden Schwämme zum Einsatz. Der eine Schwamm dient dazu, die Augen und die Nüstern auszuwischen, der zweite ist für die After- und Scheidenpartie zuständig.
Im Frühjahr kommt bei den Rassen, die ein langes, dichtes Winterfell schieben, vor dem eigentlichen Putzen noch der Haarwechselreiniger zum Einsatz. Mit ihm wird das Pferd von der lästigen Winterwolle, soweit sie schon ausfällt und lose ist, befreit. In unserem Stall hat

sich als Haarwechselreiniger ein Kuhstriegel am besten bewährt. Es gibt jedoch im Fachhandel auch spezielle Geräte zu kaufen.
Geputzt wird nicht nur vor dem Ritt, sondern auch nach dem Ritt, sobald das Pferd wieder trocken ist, da der getrocknete Schweiß fürchterlich juckt und die Hautporen verstopft; dadurch wird auch die Hautatmung behindert. An warmen Tagen sollten deshalb vor allem verschwitzte Pferde nach dem Ritt kurz abgewaschen werden.

Waschen

Das Waschen befreit die Pferde vom Schweiß und erfrischt sie. Zusätzlich werden beanspruchte Sehnen und Gelenke gekühlt. Pferde, die es kennen, genießen diesen Vorgang ganz offensichtlich. Wenn es warm genug ist, können die Pferde von oben bis unten abgespritzt werden. Vielen ist es allerdings unangenehm, kaltes Wasser in die Nierenpartie (hintere Rückenpartie) zu bekommen. Bei solchen Pferden sollte man diesen Bereich aussparen. Besonders wichtig ist das Abspritzen der Beine, der Gurtlage, der Sattellage und der Brust.
Pferde, denen man sich nicht mit dem Wasserschlauch nähern kann, weil sie ihm mißtrauen, werden mit einem dikken Schwamm abgewaschen. Dieser sollte allerdings wirklich vor Nässe triefen. Meist kann man ein Pferd mit viel Ruhe und gutem Zuspruch jedoch von der Ungefährlichkeit der »schrecklichen Schlange« überzeugen.
Zeigt ein Pferd Unruhe oder gar Angst, sollte man es immer am Zaun oder einer festen Wand waschen, da es dort nicht so stark wegdrängen kann.
Mit dem Waschen beginnt man immer unten an den Hufen – erst vorne, dann hinten – und wandert langsam die Beine aufwärts, entsprechend dem Prinzip der Kneippschen Güsse. Es hat sich bewährt, bei unruhigen Kandidaten zwischen den Vorderbeinen bzw. den Hinterbeinen zu wechseln, da das Pferd nicht beide Beine gleichzeitig wegziehen kann und deshalb die Hampelei schnell wieder aufgibt. Schließlich tut die Prozedur nicht weh, sondern erfrischt angenehm. Sind die Beine abgespritzt, macht man mit Brust, Hals, Sattel- und Gurtlage weiter.
Zum Schluß wird mit dem Schweißmesser soviel Nässe wie möglich aus dem Fell gezogen. Ist kein Schweißmesser zur Hand, nimmt man die Gerte in beide Hände und zieht das Pferd damit ab. Das geht fast genausogut und ist gleichzeitig eine nützliche Vertrauensübung.
Solange das Pferd nicht völlig trocken ist, darf es auf keinen Fall Zugluft ausgesetzt werden.
Klares Wasser hat keinerlei Einfluß auf den Fettgehalt des Fells. Deshalb kann man Pferde mit klarem Wasser beliebig oft waschen. Anders sieht es mit Schönheitsshampoos und medizinischen Waschungen gegen Hautparasiten aus. Hier sollte auf jeden Fall die Gebrauchsanweisung durchgelesen und strikt eingehalten werden.

Frisieren

Neben dem Putzen und Waschen stellt das richtige Frisieren einige Ansprüche an die Geschicklichkeit des Pferdehalters. Ein Pferd kann noch so gut in Schuß sein – mit ungepflegtem, unfrisiertem Langhaar wirkt das ganze Pferd vernachlässigt. Bevor ich auf das Frisieren im einzelnen eingehe, sollten wir uns ein paar Gedanken zum Sinn des Langhaars und des Fells machen.

Zum Langhaar gehören die Mähne mit dem Stirnschopf, der Schweif und der Fesselbehang. Mähne und Stirnschopf schützen das Pferd vor Insekten und ihren Stichen, wobei dem Stirnschopf vielleicht die größere Bedeutung zukommt, weil er die empfindlichen Augen schützt. Der Schweif dient ebenfalls der Insektenabwehr, außerdem schließt er die empfindliche After- und Scheidenpartie ab und schützt sie so vor Nässe und Schmutz. Dabei sind die relativ kurzen, seitlichen Haare besonders wichtig, diese bilden die sogenannte Schweifglocke. Sie wird auch Regendach genannt. Der Fesselbehang schützt die empfindliche Fesselbeuge vor Schmutz und Nässe. Jeder Teil des Langhaars hat somit seine genau bestimmbare Funktion.

Und wie werden Mähne und Schweif bei den Deutschen Reitpferden und den Deutschen Reitponys leider häufig frisiert? Vom Schweif werden die kurzen, seitlichen Haare entfernt. Entweder werden sie herausgezogen oder aber mit dem Schergerät geschoren, damit der Schweif insgesamt getragener wirkt. Dann ist er zwar noch als Fliegenwedel zu gebrauchen, seiner Funktion als Regendach für die After- und Scheidenpartie kann der Schweif jedoch nicht mehr gerecht werden.

Die Mähne wird ebenfalls verzogen; dabei werden die Haare, die die gewünschte Länge, sprich Kürze, haben, nach oben gekämmt. Die längeren Haare werden jeweils zu zweien oder dreien um den Verziehkamm gewickelt und ausgerupft. So arbeitet man sich Lage um Lage von unten nach oben vor. Auf diese Weise wird die Mähne ausgedünnt und verkürzt. Außerdem wird sie in Länge und Volumen gleichmäßig. Dies macht man, um die Halslinie zu betonen. Dabei bleibt unbedacht, daß so ihre Schutzfunktion eingeschränkt wird. Der Fesselbehang wird oft ganz kurz abgeschnitten, damit das Fesselgelenk deutlicher hervortritt. Er kann dann natürlich keinerlei Funktion mehr ausüben. Die Fesselbeuge bleibt ungeschützt.

Auf der Suche nach einer vernünftigen Frisur für sein Pferd sollte man sich nicht zu sehr auf den Geschmack der Menschen verlassen. Wer es schafft, krumme Dackelbeine niedlich und platte Mopsnasen schön zu finden (beides Merkmale, die Vertreter dieser Hunderassen in ihrer Bewegungsfähigkeit stark einschränken), wird wohl leider auch bereit sein, am Behang der Pferde in, gelinde gesagt, sinnloser Art und Weise herumzumanipulieren. Außerdem ändern sich Geschmäcker ständig. Heute kann man sogar auf den ganz großen Turnierplätzen der Welt, z. B. auch beim Nationenpreis in Aachen, immer wieder natürlich belassene Schweife sehen.

Wird ein Pferd als Stallpferd gehalten und kommt es nur stundenweise und dann nur bei gutem Wetter auf die Weide, kann man vielleicht diesen althergebrachten Schönheitsidealen entsprechen. Werden Pferde das ganze Jahr über hauptsächlich draußen, vielleicht sogar im Offenstall gehalten, wird man sich von diesem Modediktat lösen müssen. Das gilt vor allem für den Schweif und den Fesselbehang: Das Regendach des Schweifes bleibt voll erhalten. Die einzig mögliche Korrektur besteht darin, das Schweifende zu begradigen, wenn der Schweif unten zu dünn und zu unregelmäßig wird. Ebenso bleibt der Fesselbehang ungeschnitten. Für viele Robustrassen gilt der natürliche Behang sowieso als rassetypisch, so daß sich hier Manipulationen erübrigen.

Wer sich durch die kurzen Schweifhaare gestört fühlt, seinem Pferd aber trotzdem die Schutzfunktion erhalten will, kann für Veranstaltungen den Schweif einflechten. Dazu nimmt man möglichst weit oben am Schweifansatz drei seitliche Strähnen (rechts zwei, links eine) und beginnt möglichst fest zu flechten. Einfacher ist es, wenn man die Schweifhaare an der Schweifrübe vorher mit etwas Babyöl einfettet. Regelmäßig nimmt man dann rechts und links weitere seitliche Strähnen dazu. Auf diese Weise wird die ganze Schweifrübe eingeflochten. Abschließend werden die Strähnen, die man noch in der Hand hält, zuende geflochten und entweder an der Unterseite des Schweifes befestigt, oder aber als Zopf auf dem Schweif liegengelassen. Ein schön eingeflochtener Schweif macht immer einen guten Eindruck, da hier der Pflegeaufwand geradezu greifbar wird; außerdem sind eingeflochtene Schweife hierzulande immer noch selten und ziehen deshalb die Blicke auf sich.

Auch eine naturbelassene Mähne kann man festlich frisieren. Bei einer langen Mähne hat man in reiterlichen Prüfungen beim Nachfassen der Zügel immer wieder Mähnenhaare mit in der Hand. Vor allem, wenn es windig ist, kann eine prächtige Mähne stören und so das Endergebnis der Prüfung für den Reiter nachteilig beeinflussen. Diese Probleme werden mit der Netzfrisur von vornherein ausgeschlossen. Man beginnt hinter den Ohren des Pferdes und teilt die Mähne in gleich dicke Strähnen auf, die mit Gummibändern festgehalten werden. Diese Strähnen werden in der zweiten Reihe geteilt und jeweils die rechte Hälfte der ersten Strähne mit der linken Hälfte der zweiten Strähne mittels eines Gummiringes zusammengebunden. In der dritten Reihe wird die Randsträhne der zweiten Reihe mit verarbeitet und so fort. Es ist gar nicht schwierig. Man sollte es allerdings beim erstenmal ganz in Ruhe und ohne Zeitdruck ausprobieren, um festzustellen, mit wieviel Anfangssträhnen das Netz am besten wirkt. Nimmt man wenige, dicke Strähnen, wird das Netz zu klein; nimmt man dagegen viele, dünne Strähnen, wirkt das Netz zu dünn.

Für die Freunde des bekannteren Mähneneinflechtens soll dieser Vorgang hier ebenfalls kurz beschrieben werden, obwohl es sicherlich keine für einen Freizeitreiter typische Pflegemaßnahme ist: Wie beim Netz fängt man wieder oben hinter den Ohren an, damit der letzte, meist dicker oder dünner ausfallende Zopf unauffällig unten am Widerrist sitzt. Von der Mähne werden jeweils gleich dicke Strähnen abgeteilt und dann zu einem Zopf geflochten, der unten mit einem möglichst kleinen Gummiring festgehalten wird. Anschließend wird der Zopf hochgeschlagen und wiederum mit dem gleichen oder einem neuen Gummi befestigt. Zum

Schluß wird das Gummiband mit weißem Isolierband verdeckt. Beim Einflechten ist es wirklich wichtig, daß die Mähne gleichmäßig lang ist. Ist die Mähne kurz, entstehen auf diese Weise kleine Knoten, die die Halslinie betonen; ist sie länger, liegen die Zöpfe als Kringel auf der Halsseite, was ebenfalls hübsch aussieht.

Eine andere Möglichkeit, eine Mähne einzuflechten besteht darin, einen einzigen dicken Zopf, der über den gesamten Mähnenkamm läuft, zu flechten. Auch hiermit beginnt man wieder direkt hinter den Ohren, nimmt drei Strähnen und beginnt zu flechten. Nach und nach arbeitet man sich in Richtung Widerrist vor und hält das Zopfende unten mit einem Gummiband und einem bunten Band darüber fest.

Bisher wurden weder die Tasthaare in der Nähe der Augen, der Nüstern und des Mauls noch die Haare in den Ohren erwähnt. Das hat seinen Grund, denn diese Haare dürfen *auf keinen Fall* beschnitten werden. In Amerika wird bei den meisten Schaupferden sogar noch an diesen Haaren manipuliert. Kein Tasthaar soll die Silhouette des Kopfes beeinträchtigen, und die Ohren, meint man, wirken feiner und edler ohne die Innenhaare. Das ist schlicht Tierquälerei, denn die Tasthaare sind sehr empfindlich und helfen beispielsweise bei der Futteraufnahme, und die Haare in den Ohren schützen vor Insekten. Hinzu kommt, daß Pferde extrem geräuschempfindlich sind. Jetzt stelle man sich einmal eine Schermaschine nicht nur am Pferdeohr vor, was auch schon schlimm genug ist, sondern direkt im Pferdeohr. Hier werden Pferdehalter zu Folterknechten.

Scheren

Einen Großteil des Jahres sind natürlich gehaltene Pferde damit beschäftigt, sich ihr Winterfell wachsen zu lassen, es zu tragen oder es wieder zu verlieren. Müssen die Pferde im Winterfell gar nicht arbeiten oder werden sie nur im Schritt spazierengeritten, bekommen sie keinerlei Schwierigkeiten und der Pferdehalter braucht sich keine weiteren Gedanken zu machen. Viele Freizeitreiter wollen aber auch im Winter etwas mit ihren Tieren unternehmen. Dabei vergessen sie häufig, daß die meisten Pferde im Winter auf Ausritten heftiger sind und sich selbst mehr bewegen wollen als im Sommer, denn die Ausritte sind seltener und die niedrigeren Temperaturen kommen der Lauflust zugute. Oft fallen als geruhsame Spazierritte geplante Unternehmungen dann wesentlich stürmischer aus als gedacht.

Wie funktioniert nun das Winterfell? Man kann zwei Fellschichten unterscheiden: das Unterfell und das Oberfell. Das Unterfell wird auch als Unterwolle bezeichnet. Zwischen den feinen Haaren der Unterwolle wird Luft gehalten, die durch die Körperwärme erwärmt wird. Auf diese Weise wird eine Isolierschicht zwischen der Haut und der Außenwelt aufgebaut.

Die Haare des Oberfells sind dicker, länger und härter als die der Unterwolle. Sie sind fetthaltig und bilden die eigentliche Schutzschicht gegen Wind, Regen und Schnee. Bei Regen weisen die Haarspitzen nach unten, so daß das Wasser daran entlangläuft, von der Haut abgeleitet wird und vom Pferd wieder abtropft. So bleibt die Haut trokken und durch das Unterfell warm.

Diese Islandstute demonstriert eindringlich das Isoliervermögen ihres Winterfells. Der Schnee bleibt auf ihrem Rücken liegen.

Dieses System aus Unterfell und Oberfell funktioniert so gut, daß selbst Schnee lange Zeit ohne zu schmelzen auf dem Pferderücken liegenbleibt und dem Tier nichts anhaben kann. Die Isolierschicht gibt so wenig Wärme nach außen ab, daß die Wärme nicht ausreicht, den Schnee zu schmelzen, und andererseits ist das Fell zu gut »imprägniert«, um den Schnee nach innen dringen zu lassen.

So bewundernswert dieser Winterschutz auch ist, er ist nicht dazu geeignet, einen Reiter längere Zeit flott vorwärts zu transportieren. Für ein Pferd dürfte das etwa genauso sein wie für einen Leichtathleten ein 10000-m-Lauf im Nerzmantel. Auch bei lausiger Kälte würde es dabei zu Hitzestaus und Schweißausbrüchen kommen.

So gibt es unter den Reitern in jedem Winter aufs neue Diskussionen darüber, ob und wenn ja, wann und wie man dem »Winterkleid« Abhilfe schaffen kann. Allgemein beliebt ist die Methode, die Pferde im Herbst einzudekken, damit das Fell von vornherein erst gar nicht großartig wächst. Für die Robustpferdehaltung ist diese Vorgehensweise unbrauchbar. Andere Reiter lassen das Fell wachsen und scheren anschließend das ganze Pferd. Diese Methode ist genauso unbrauchbar wie die erstgenannte. Wieder andere Pferdebesitzer scheren ihre Pferde und lassen das Fell an den Beinen, der Bauchdecke, in der Sattellage und auf dem Rücken lang. Auch diese Methode ermöglicht es noch nicht, ein Pferd ganztägig im Offenstall zu lassen. Andererseits fördert das Scheren die Hautatmung und verschafft dem Pferd Erleichterung bei der Arbeit.

Also doch scheren! Aber wie?

In der Freizeitreiterei hat sich die Strichschur sehr gut bewährt. Dabei wird am oberen Bauchrand entlang ein etwa 15 cm breiter Streifen ins Fell geschoren. Dieser Strich sorgt für Entlüftung und Kühlung, wodurch die Pferde nicht mehr so schnell ins Schwitzen geraten. Schwitzen sie trotzdem, sickert der Schweiß aus den oberen Körperregionen in den Strich und kann dort verdunsten. Das Pferd trocknet dadurch wesentlich schneller wieder ab. Andererseits können Regen, Schnee und Kälte den Pferden trotz der Schur nichts anhaben, denn erstens kann die Feuchtigkeit vom Pferd abtropfen, ohne in den Strich zu gelangen, da dieser unterhalb der dicksten Stelle des Rumpfes liegt, und zweitens wird die Wärmeisolation kaum beeinträchtigt, da der Strich nur einen geringen Teil der Oberfläche des Pferdes ausmacht.

Die Strichschur wird erst dann vorgenommen, wenn das Winterfell vollständig ist, also nicht vor November. Wichtig ist, daß das Pferd trocken und sauber geputzt ist. Die meisten Pferde gewöhnen sich an das Geräusch der Schermaschine, wenn man ihnen vor Beginn der Prozedur etwas Zeit läßt. Gibt es trotzdem Schwierigkeiten und ist das Pferd auch durch gutes Zureden nicht zu bewegen, stillzustehen, sollte man das Scheren besser aufschieben, bevor man sich auf einen Gewaltakt einläßt. Bei unruhigen oder gar verängstigten Pferden sollte man sich ausnahmsweise beim Tierarzt ein Beruhigungsmittel besorgen und es dem Pferd streng nach Anweisung vor dem Scheren verabreichen. Für das Pferd ist das angenehmer als vielleicht eine halbe Stunde Todesangst am Stück, das Risiko im Umgang mit dem elektrischen Gerät sinkt beträchtlich, und der Pferdehalter kann in Ruhe arbeiten. Scheut man den Einsatz eines Beruhigungsmittels oder hat man keine Schermaschine zur Hand, kann man auch mit einer Schere arbeiten, vorausgesetzt, man bringt reichlich Zeit und Geduld mit.

Bei dieser Form der Schur wird wie folgt verfahren: Man mißt mit dem Daumen auf der Bugspitze mit gespreizter Hand nach unten. Die Spannbreite der Hand bestimmt die Breite des Striches. Bei mir sind es genau 15 cm. Der Strich verläuft in gleichbleibender Breite zur Hinterhand. Vorne wird der Strich entlang dem Unterhals bis zum Kopf verlängert. Auf diese Weise wird von beiden Seiten an der Brust ein Dreieck markiert, das ich meist ebenfalls schere. Zusätzlich kann man bei einer sehr dichten Mähne noch das Winterfell unter der Mähne wegnehmen.

Ich bin ebenso wie viele andere, die diese Schur anwenden, wegen des merkwürdigen Aussehens meines Pferdes oft ausgelacht worden; aber die Strichschur hilft dem Pferd, die verlangte Leistung zu erbringen und trotzdem artgerecht leben zu können, und das sollte den Ausschlag geben.

Maßnahmen zum Insektenschutz

Im Sommer werden unsere Pferde von beißenden und stechenden Insekten im wahrsten Sinne des Wortes bis aufs Blut gepeinigt. Jeder Zentimeter Langhaar wird in dieser Zeit dringend gebraucht. Aber auch sonst gibt es reichlich Versuche, den Pferden zu helfen. Im Laufe der Jahre ist eine Vielzahl von Insektenschutzmitteln auf den Markt gekommen. Die meisten halten bei weitem nicht das, was sie versprechen. Sie bieten kurzfristig einen Schutz, solange sich das Pferd ruhig auf der Weide bewegt. Wird das Pferd unter dem Sattel gefordert, ist die Wirkung bald dahin. Man kann nur hoffen, daß es möglichst bald bessere Mittel gibt; in der Erprobung sind einige.

Einen preiswerten und bei vielen Pferden recht wirksamen Schutz kann man mit Essig erreichen. Er wird einfach ins Trinkwasser gegeben, von den Pferden mit dem Wasser aufgenommen und über die Haut, die auch als Ausscheidungsorgan wirkt, wieder abgegeben. Für viele Insekten riecht das Pferd mit dieser Ausdünstung offenbar abscheulich. Vor dem Ritt kann man das Pferd zusätzlich mit Essig einsprühen; das ist zwar meist nicht wesentlich wirksamer als die Verwendung der bisher erhältlichen chemischen Mittel, aber preiswerter und für die Umwelt unschädlicher.

Eine besondere Problemzone stellt der Augenbereich dar. Das Pferdeauge sondert meist geringe Mengen eines klaren Sekrets ab, das auf Fliegen ungeheuer anziehend wirkt. Diese wiederum reizen das Auge, das dann vermehrt Sekret absondert. Ein Teufelskreis entsteht, der für die Pferde geradezu quälend ist und dem Reiter beim Ausritt jeden Spaß nehmen kann, wenn das Pferd, um die Quälgeister abzuwehren, ständig mit dem Kopf schlägt. Fast jeder wird dieses Problem kennen.

Zum Schutz der empfindlichen Augen kann man mit Hilfe eines alten Gardinenrestes (möglichst einfacher Tüll ohne Muster) schnell eine Art Häubchen herstellen. Das Gardinenstück muß so groß sein, daß es ganz locker am Pferdekopf liegt und sich über die Augen wölbt, etwa 60 cm lang und 40 cm breit; es darf keinesfalls auf die Augen drücken. Dann einfach oben und unten einen Saum nähen, ein etwa 1 cm breites Gummiband einziehen, die Bandenden lang lassen und zusammenknoten, und das war's auch schon. Das untere Band wird nun einfach über die Nase gezogen, das obere Band kommt über die Ohren und fertig ist der Augenschutz. Das Kopfschlagen während des Rittes hat meist schlagartig ein Ende, und viele Pferde streifen den Augenschutz nicht einmal ab, wenn sie damit auf die Weide entlassen werden.

Ich habe diesen Schutz das erstemal bei erfahrenen Wanderreitern gesehen. Bei genaueren Erkundigungen stellte sich aber heraus, daß auch viele Bauern in unserem Dorf früher für ihre Kaltblüter während der Feldarbeit einen ganz ähnlichen Augenschutz benutzten.

Hufpflege und Hufbeschlag

Grundvoraussetzung für gesunde Hufe ist ein sauberer, trockener Untergrund. Jemand, der sein Pferd regelmäßig in nasse und mit Kot und Urin besudelte Einstreu stellt, braucht sich nicht zu wundern, wenn Krankheiten wie Strahlfäule und Hufkrebs auftreten. Aber auch bei sauberer Einstreu oder Weidehaltung sollten die Hufe regelmäßig kontrolliert werden. Meist wird das mit dem täglichen Putzen geschehen.

Es ist wichtig, daß die Hufe nicht nur vor dem Reiten ausgeräumt werden, sondern auch und erst recht hinterher, um sicherzustellen, daß sich im Huf keine Fremdkörper festgesetzt haben.
Kommen die Hufe ständig mit Nässe in Verbindung, fettet man den Huf mit einem speziellen Huffett ein, um so einen Nässeschutz zu erreichen. Das Auftragen des Huffetts geht am besten mit einem nicht zu harten Pinsel.
Ist es dagegen lange Zeit trocken oder ist der Huf spröde, sollte man ihn waschen, damit er Feuchtigkeit aufnehmen kann, und ihn anschließend einfetten, um den Huf gewissermaßen zu versiegeln und so die Feuchtigkeit im Huf zu halten. Bei Pferden, deren Hufhorn von Natur aus eine gute Qualität hat, würde ich allerdings so wenig wie nur möglich machen, um die natürliche Regenerationsfähigkeit des Hufs zu erhalten. Manchmal ist weniger mehr!
Ein anderes beliebtes Hufpflegemittel ist Hufteer (Holzteer). Wenn das Pferd zu feucht steht, z. B. im Herbst oder Winter auf zu feuchten Weiden, kann man Strahl und Strahlfurchen teeren. Dazu verwendet man entweder flüssigen Teer, den man mit einem Pinsel aufträgt, der für die Strahlfurchen schmal sein muß und trotzdem nicht zu weich sein darf, oder man nimmt das modernere Hufteerspray, das so fein versprüht wird, daß es wirklich in jede Ritze dringt – bei Wind übrigens auch in jede Ritze der Kleidung, wenn man nicht aufpaßt!
Hufteer kann die Entstehung von Strahlfäule verhindern. Ist die Krankheit allerdings schon ausgebrochen – und eine schmierige, übelriechende Masse in den Strahlfurchen ist ein nahezu untrügliches Anzeichen dafür –, gehört kein Hufteer mehr auf den Strahl oder in die Strahlfurchen. Unter dem Hufteer würde sich die Fäulnis weiter ausbreiten, da die dafür verantwortlichen Bakterien ohne Sauerstoff auskommen und unter der Teerschicht weiterarbeiten. – Was ist zu tun?
Das Pferd ist unbedingt und unverzüglich auf sauberen, trockenen Boden zu stellen. Feuchte Bereiche im Huf müssen mit Hilfe von Jodoformäther, Blauspray oder speziellem Puder ausgetrocknet werden. Ist die Krankheit schon weiter fortgeschritten, wird vom Schmied befallenes Hornmaterial so weit wie eben möglich entfernt.
Bei schlechtem Hufwachstum kann man lorbeerölhaltige Hufsalben einsetzen. Besonders der obere Hufrand, der sog. Kronrand, wird damit eingerieben. Die Salbe wird zusätzlich mit dem Finger einmassiert. Es gibt allerdings Hufschmiede, die der Auffassung sind, daß hauptsächlich diese Massage den das Hufwachstum anregenden Reiz ausübt, weil dadurch die Durchblutung im Kronrandbereich angeregt wird.
Heute muß man sich bei Schwierigkeiten mit dem Hufwachstum nicht mehr allein auf die Pinselei mit Salben und Fetten verlassen. Es gibt eine ganze Reihe hochwirksamer Biotinpräparate, die unter das Futter gemischt werden und das Hornwachstum von innen anregen.
Trotzdem kann man machen, was man will – die Behandlung von Hufproblemen bleibt ein Geduldsspiel. Wenn man bedenkt, daß selbst ein normaler, gesunder Huf ein Jahr braucht, um sich einmal von oben nach unten zu erneuern, wird einem das klar.

Jeder Pferdehalter sollte ein Hufmesser zu Hause haben, um lose Fetzen vom Strahl abschneiden zu können, da sich Schmutz und Mist schnell in die Spalten setzen und das Hufmaterial schädigen können. Außerdem gehört eine Raspel, um am Huf Kanten abraspeln zu können, ebenso zur Grundausstattung eines Freizeitreiters wie eine starke Zange, mit der man lose Eisen abnehmen kann. Der Umgang mit diesem Werkzeug kann in speziellen Kursen erlernt werden. Kurse dieser Art werden regelmäßig von verschiedenen Freizeitreiterorganisationen angeboten (siehe Anhang), aber auch mancher Schmied wird bereit sein, einem zu zeigen, wie es geht, wenn man ihn nett darum bittet. Schließlich kann er nicht jedesmal, wenn das Pferd sich wieder einmal eine kleine Ecke aus dem Huf gebrochen hat, zu einem herauskommen.

Diese Grundkenntnisse ersetzen jedoch keinesfalls den Schmied. Spätestens alle 6–8 Wochen sollten die Hufe eines Pferdes mit normalem Hufwachstum im Sommer ausgeschnitten werden (im Winter wachsen die Hufe meist weniger schnell als im Sommer). Damit wird auch die Stellung der Hufe korrigiert. Falsche Stellungen belasten Sehnen und Gelenke des gesamten Pferdebeines.

Beim Ausschneiden läßt man Strahl und Sohle soweit wie möglich unberührt, damit sie in ihrer Funktionsfähigkeit nicht eingeschränkt werden. Einen guten Anhaltspunkt, ob das Pferd nun zum Schmied muß oder nicht, bekommt man, wenn man sich Huf und Fessel von der Seite ansieht. Huflinie und Fessellinie müssen eine Gerade bilden, andernfalls ist der Schmied überfällig.

Werden Pferde nur auf weichem Boden gehalten und bewegt und verfügen sie über ein normales Hufwachstum und eine gesunde Hufstellung, kommt man mit dem regelmäßigen Ausschneiden der Hufe hin.

In den allermeisten Fällen wird ein Pferd bei regelmäßiger Arbeit jedoch ohne einen fachmännischen Beschlag nicht auskommen. Bevor man sich näher mit dem Beschlag beschäftigt, sollte man sich klarmachen, wie der Huf funktioniert und welche Auswirkungen der Beschlag auf den Hufmechanismus hat.

Der Hufmechanismus

Betrachtet man den Huf einmal von oben, sieht man auf der Krone den Kronrand, die Wachstumszone des Hufes. Der Kronrand geht vorne in die Zehenwand über. Die seitlichen Bereiche des Hufes werden als Trachtenwände bezeichnet. Das Ganze bildet zusammen die Hufkapsel. Nimmt man den Huf auf, erkennt man den Strahl mit seiner mittleren und den beiden seitlichen Strahlfurchen, die nach innen gewölbte Sohle, den Tragrand und, wenn man genau schaut, die weiße Linie.

Der ganze Huf ist ein bewundernswerter Stoßdämpfer. Die Hufkapsel, die doch so fest und starr aussieht, ist elastisch. Hinter der weitesten Stelle der Hufkapsel spreizen sich die Trachten bei Belastung auseinander, während sich die aufgewölbte Sohle abflacht. Der Hufbeinknochen steckt nicht einfach in der Hornkapsel wie unser Fuß in einem Schuh, sondern er ist darin regelrecht aufgehängt, so daß nicht jede Erschütterung voll auf den Knochen übertragen wird. Das Strahlpolster ist ela-

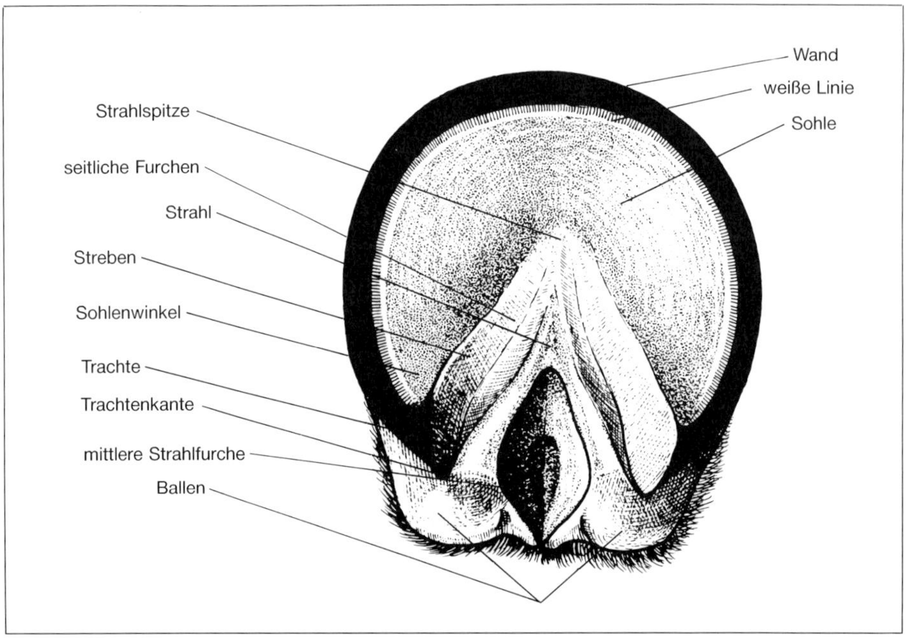

Die Unterseite eines Vorderhufs.

stisch und wirkt als zusätzlicher Stoßdämpfer. Bei jedem Auffußen wird es zusammengedrückt und puffert so die Erschütterung ab. Die Hufbeinknorpel, die an den hinteren Hufbeinästen aufsitzen und den Strahl umschließen, verstärken diese Wirkung noch.

Vielleicht wird aus diesen Ausführungen ersichtlich, weshalb gerade Strahl und Sohle erhalten werden müssen.

Wie wirkt sich nun ein Beschlag aus? Jeder Beschlag schränkt den Hufmechanismus ein. Der Huf arbeitet nicht mehr so, wie er es ohne Beschlag tun würde, außerdem wird das Hufwachstum eingeschränkt. Insofern kann ein Beschlag nichts anderes sein als eine Notlösung.

Es gibt sogar Leute, die einen Beschlag in gar keinem Fall gelten lassen wollen, außer bei akuten Hufkrankheiten, denn sie sind der Auffassung, der Huf würde sich den gestellten Anforderungen schon anpassen, ließe man ihm nur genug Zeit dazu. Diese These berücksichtigt allerdings eine wichtige Tatsache nicht: Seitdem das Hufeisen eingeführt wurde (vermutlich wurde es von den Hunnen, die es von den Chinesen übernommen hatten, nach Europa gebracht), also seit mehr als eintausend Jahren, wurde die Zuchtauslese im Hinblick auf einen harten Huf vernachlässigt, weil das Pferd mit einem beschlagenen Huf genauso leistungsfähig war wie mit einem sehr harten Huf.

Wird ein Pferd viel auf hartem Boden geritten, kommt man in den meisten Fällen nicht um einen Beschlag herum, wobei ein guter Beschlag den Hufmechanismus möglichst wenig einschränken sollte.

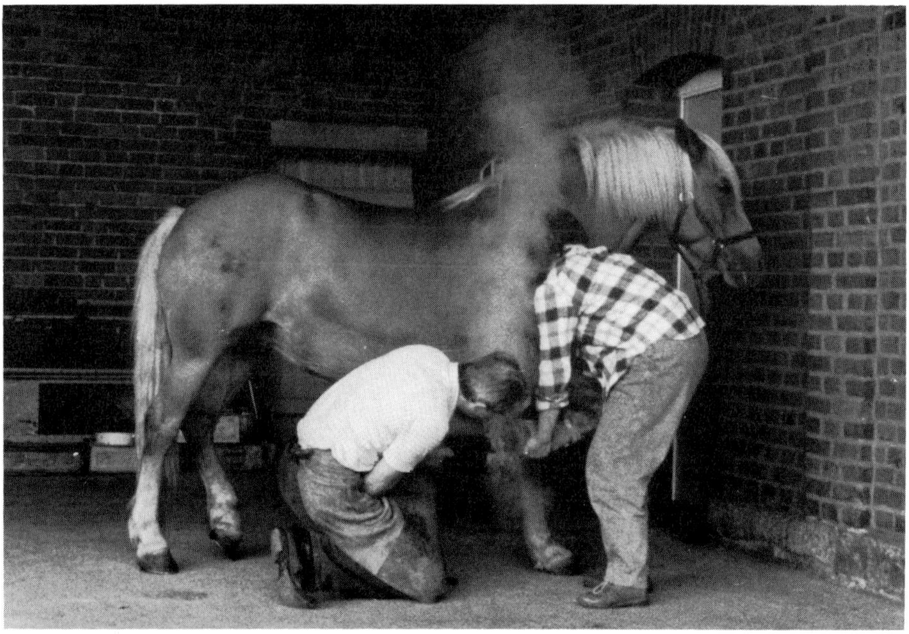

Aufbrennen eines Vordereisens.

Um einen guten Beschlag zu bekommen wird man natürlich zu einem guten Schmied gehen wollen. Woran erkennt man nun einen guten Schmied? Es ist immer schwierig, eine Arbeit zu beurteilen, wenn man selbst in der Sache kein Fachmann ist. Beim Schmied gibt es jedoch einige Anhaltspunkte, nach denen man sich richten kann. Er sollte heiß beschlagen, also glühende Eisen anpassen, da der Heißbeschlag dem Kaltbeschlag immer vorzuziehen ist. Nur mit dem Heißbeschlag kann sichergestellt werden, daß das Eisen gleichmäßig am Huf aufliegt. Der Schmied sollte zusätzlich ruhig und sicher im Umgang mit dem Pferd sein und zügig, aber nicht hastig arbeiten. Nach dem Abnehmen der alten Eisen wird er zunächst die Hufe ausschneiden. Dabei sollen der Strahl und die Sohle möglichst wenig beschnitten werden. Je kräftiger sie sind, desto besser für die Funktionsfähigkeit des Hufes.

Nach dem Ausschneiden werden die neuen Eisen angepaßt. Jetzt heißt es aufpassen. Paßt der Schmied das Eisen dem Huf an, oder wird der Huf für das Eisen zurechtgeschnitten? Natürlich soll das Eisen passend gemacht werden! Das Eisen sollte möglichst weit gelegt werden, um den Hufmechanismus so wenig wie möglich einzuschränken. Außerdem ist darauf zu achten, daß der Hufstrahl den Bodenkontakt nicht verliert, da er sonst nicht mehr wirken kann.

Das Pferd muß nach dem Beschlagen plan auftreten, d. h. der Huf soll weder nach innen noch nach außen abkippen, notfalls müssen die Schenkel der Eisen an einer Seite vorne oder hinten ver-

Abschließende Pediküre.

dickt werden (Fachausdruck: Beschlag mit verdickten Schenkeln).
Der Beschlag muß alle 6–10 Wochen kontrolliert werden. Spätestens, wenn die Huf-Fessel-Linie keine Gerade mehr bildet, wird es höchste Zeit.
Auf keinen Fall empfiehlt es sich, mit einem frisch beschlagenen Pferd sofort Gewalttouren zu unternehmen. Statt dessen sollen die Eisen Zeit bekommen, sich ein paar Tage zu setzen. Es kann schon einmal vorkommen, daß ein Pferd nach dem Beschlagen etwas klamm geht, was sich jedoch spätestens nach 1–2 Tagen legen muß. Andernfalls muß das Pferd dem Schmied noch einmal vorgestellt werden.
Die Hufeisen müssen dem Pferd und dem Gebrauchszweck angepaßt sein. Weitgelegte, glatte, leichte Eisen schützen den Huf vor zu starker Abnutzung und lassen den Hufmechanismus weitgehend unbeeinträchtigt. Der Mechanismus wird sogar im hinteren Trachtenbereich in Form von Schleifspuren an der dem Huf aufliegenden Eisenoberfläche des Hufeisens sichtbar. Eine an den Vordereisen angebrachte Zehenrichtung ermöglicht dem Pferd zudem ein Abrollen der Vorderhufe.
Solche Hufeisen nutzen sich unter ungünstigen Umständen recht schnell ab. Sie halten jedoch länger als eine Beschlagsperiode, wenn der Schmied mit Hilfe einer besonders harten Auftragselektrode Schweißnähte im Zehenbereich, aber auch im Trachtenbereich aufträgt. Dabei passiert folgendes: Durch die Hitze wird das harte metallische Material an der Spitze der Elektrode flüssig und läuft auf das zu schweißende Hufeisen. Die Oberfläche des Hufeisens wird an der Stelle, an der geschweißt wird, ebenfalls flüssig. Beim darauffolgenden Erkalten verbinden sich das Material des Hufeisens und das härtere Material der Schweißelektrode untrennbar miteinander. Im späteren Gebrauch läuft das Pferd auf den harten Schweißnähten und nutzt das Eisen bei weitem nicht so stark ab. Unser Schmied benutzt diese Methode, um nicht bei jedem Beschlag neue Eisen zubereiten zu müssen, aber auch für lange Wanderritte sind solcherart präparierte Eisen eine Hilfe.
Auf schlüpfrigem oder glattem Boden oder in bergigen Gegenden wird man ohne Stollen nicht auskommen. Bevor man sich jedoch dafür entscheidet, sollte man das Für und Wider gründlich abwägen. Stollen geben dem Pferd mehr Halt, aber sie behindern auch den Hufmechanismus stärker als glatte Eisen und nehmen dem Strahl oft den Bodenkontakt, wodurch er nutzlos wird und verkümmern kann. Auch gleitet das Pferd normalerweise beim Auffußen mit dem Fuß über den Boden, was den Stoß abmildert. Dieses Gleiten ist mini-

mal, macht jedoch bei der riesigen Anzahl von Schritten, die ein Pferd im Laufe des Lebens tut, viel aus. Durch die Stollen wird es jedoch vermindert oder unmöglich gemacht, was sich auf den gesamten Bewegungsapparat auf Dauer nachteilig auswirkt.

Ein weiterer Nachteil sämtlicher Stollen liegt darin, daß sie die Verletzungsgefahr für Weidepferde beträchtlich erhöhen. Ist eine Keilerei mit unbeschlagenen Hufen noch recht harmlos, so steigt das Risiko mit glatten Eisen bereits rapide und wird durch Stollen noch einmal deutlich erhöht. Mit Stollen »bewaffnete« Pferde sollte man nur dann zusammenlassen, wenn die Rangordnung soweit geklärt ist, daß ein gelegentliches Drohen mit böser Miene von seiten des ranghöheren Pferdes genügt, eine Streitfrage zu klären.

Benötigt das Pferd Stollen, kommt man meist mit den kleinen Kornstollen aus, die direkt auf das Eisen geschweißt werden. Sie sind stumpf und erhöhen den Huf nicht allzu sehr. Ein Vorteil aller aufgeschweißten Stollen ist, daß das Pferd sie nicht verlieren kann; dafür bleiben sie aber ständig unter dem Huf, also auch dann, wenn sie nicht gebraucht werden, und erhöhen so das Verletzungsrisiko.

Als Alternative werden Schraubstollen angeboten, die ausgedreht werden, sobald sie nicht benötigt werden. Dazu benutzt man einen Stollenschlüssel, den man ständig zur Hand haben sollte. Jeder kennt wahrscheinlich die einfachen Metallhufkratzer mit dem viereckigen Loch im Griff. Paßt diese Öffnung zur Größe der Stollen, kann man den Hufkratzer als Stollenschlüssel verwenden; falls nicht, muß man sich auf jeden Fall einen anschaffen. Es geschieht immer wieder, daß Stollen auf unerklärliche Art und Weise aus dem Hufeisen verschwinden. Man sollte also vorsichtshalber immer einen Reservestollen in greifbarer Nähe haben.

Außer Stollen, die gleichmäßig abgenutzt werden, gibt es auch Stollen mit hartem Stiftkern, der nicht so schnell abgelaufen wird wie das Material um den Stift herum. Als Folge ragt der Stift nach kurzer Zeit etwas aus dem Stollen heraus und gibt so noch mehr Halt. Auf eisglatten Wegen ist dieser Stollen eine echte Hilfe. Man sollte ihn aber auch nur in solchen Extremsituationen einsetzen, um den Hufmechanismus und damit den gesamten Bewegungsapparat des Pferdes zu schonen.

Ganze Generationen von Fuhrleuten und Reitern hatten im Winter Probleme mit pappigem Schnee. Er setzte sich unter den Hufen der Pferde fest und mußte im Extremfall alle paar Minuten entfernt werden. Hier kann Hufgrib Abhilfe schaffen. Das ist eine Gummieinlage, die vom Schmied zwischen Sohle und Eisen befestigt wird und sicher dafür sorgt, daß sich kein Schnee unter dem Huf festsetzen kann.

Immer wieder trifft man Pferde an, die nicht mehr beschlagen werden können, sei es, weil die Hufe zu weit abgelaufen sind oder auch, weil der Huf so bröckelig ist, daß kein Nagel mehr hält. Für diese Fälle gibt es inzwischen Hufschuhe, die aufgeklebt werden, und Hufclogs, die über den Huf gezogen werden und ihn so schützen. Mit diesen Alternativen kann man oft noch Pferde einsatzfähig halten, die sonst für Wochen oder Monate nicht mehr reitbar wären.

Ausrüstung von Pferd und Reiter

Die Ausrüstung des Freizeitpferdes

Sättel und Zubehör

Der Vielseitigkeitssattel
Der Vielseitigkeitssattel, ein typischer Pritschsattel, ist der in der klassischen, kontinentalen Reitweise wohl am meisten gebrauchte Sportsattel. Er erlaubt es, sowohl mit dem Pferd zu springen als auch dressurmäßig zu reiten, ohne jedoch so spezialisiert zu sein wie ein Dressur- oder Springsattel.
Der Tiefpunkt des Sattels liegt in der Regel in der Mitte der Sitzfläche. Fast immer hat der Vielseitigkeitssattel entweder vorne am oberen Rand der Sattelblätter oder aber unterhalb des Sattelblattes Pauschen, die dem Reiterknie zusätzlichen Halt geben.
Der Sattelgurt wird an den Sattelgurtstrupfen befestigt. Ein guter Vielseitigkeitssattel hat immer drei Strupfen; die mittlere Strupfe dient als Reservestrupfe.
Besonders wichtig ist die Sturzfeder. Sie schließt die Öse zum Einhängen des Steigbügelriemens ab. Im Falle eines Sturzes soll sie sich öffnen und den Steigbügelriemen mitsamt Steigbügel und Reiterfuß aus der Halterung gleiten lassen. Unter Umständen kann es eines Tages lebenswichtig werden, daß diese Sturzfeder funktionsfähig gehalten und regelmäßig kontrolliert wurde. Wenn sie zu schwergängig ist, sollte man sie aus Sicherheitsgründen ganz offen lassen. Die Bezeichnung der einzelnen Teile dieses Sattels ist aus der Zeichnung zu ersehen.
Nun kurz zum Sattelkauf. Was ist zu beachten? Der Sattel muß beiden passen, Pferd und Reiter, wobei das Pferd immer an erster Stelle steht. Ein nicht optimal verpaßter Sattel erschwert es dem Pferd, unter dem Reiter das Gleichgewicht zu finden. Als Folge treten schließlich Verspannungen im Rükkenbereich und dadurch Taktfehler im Bewegungsablauf auf.

Nach dem Gurten und dem Aufsitzen des Reiters (wobei zwischen dem Ellbogengelenk und dem Gurt eine Handbreit Platz bleiben muß), müssen mindestens drei Finger breit Platz zwischen dem Widerrist des Pferdes und der Sattelkammer bleiben. Außerdem muß der Sattel in der Sattelkammer weit genug sein, da er sonst rechts und links vom Widerrist drücken würde. Sowohl eine zu enge als auch eine zu flache Sattelkammer kann Satteldruck hervorrufen.

Damit der Sattel ordentlich liegt, muß er mit der gesamten Auflagefläche auf dem Pferderücken aufliegen. Er darf nicht etwa hinten hochstehen. Argumente wie: »Aber wenn ich draufsitze, liegt er richtig« helfen hier nicht weiter. Probiert man einen Sattel aus, sollte man ihn möglichst auf den blanken Pferderücken legen. Um Verschmutzungen vorzubeugen, kann man zwischen Pferderücken und Sattel ein dünnes Baumwoll- oder Leinentuch legen. Paßt das gute Stück, bleibt nur noch zu klären, ob der Sattel auch dem zum Pferd gehörenden Menschen angenehm ist. Gute Markensättel werden in verschiedenen Sitzgrößen angeboten,

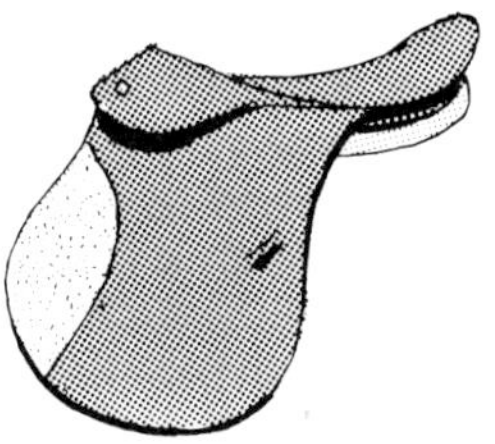

Vielseitigkeitssattel

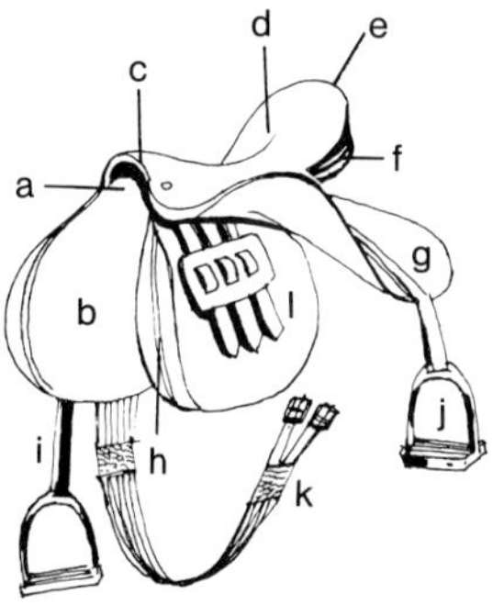

Aufbau des Sattels:
a Sattelkammer, b Schweißblatt, c Vorderzwiesel, d Sitzfläche, e Sattelkranz, f Sattelpolster, g Sattelblatt, h Pausche, i Steigbügelriemen, j Steigbügel, k Sattelgurt, l Strupfen.

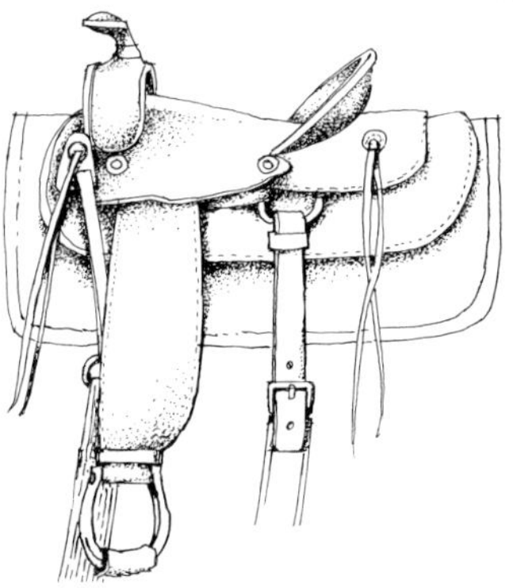

Westernsattel

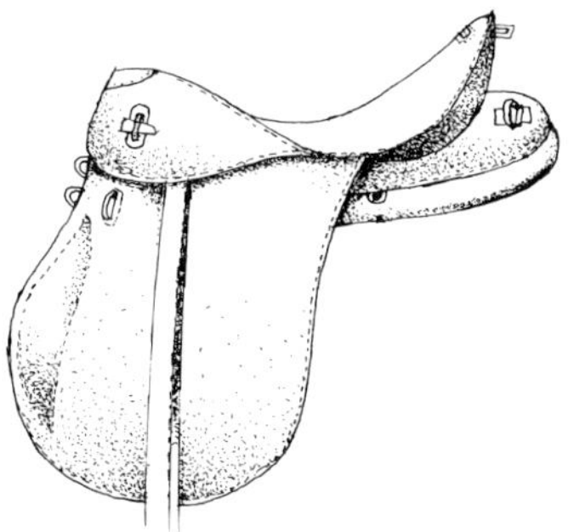

Deutscher Armeesattel

so daß eigentlich für jedes Gesäß der richtige Sattel zu haben ist. Bei guten Sätteln wird eine mehrjährige Garantie auf den Sattelbaum gewährt. Ist das nicht der Fall, ist ein gewisses Mißtrauen sicher gerechtfertigt.

Billigsättel gibt es in den verschiedensten Ausführungen, aber ganz abgesehen von der meist schlechten Qualität des Sattelbaums und der allgemeinen Verarbeitung setzen diese Sättel den Reiter nicht korrekt auf sein Pferd, z. B. weil die Pauschen zu weit vorgezogen sind oder weil der Tiefpunkt zu weit hinten oder vorn liegt. Dadurch bedingt treten Sitzfehler auf, die wiederum das Pferd in seiner Arbeit stören.

Muß man also auf die Mark schauen – und wer muß das nicht? –, kauft man besser einen guten Sattel gebraucht als einen weniger guten neu. Zuerst wird wieder ausprobiert, ob der Sattel dem Pferd paßt. Danach probiert man selbst den Sattel aus. Auch bei richtiger Sitzgröße ist bei einem gebrauchten Sattel keineswegs sicher, daß man in ihm sitzen kann, da er vom Vorbesitzer eingesessen worden ist. Es ist ähnlich wie mit Fahrradsätteln: Fährt man einmal auf einem fremden Fahrrad, kommt einem sofort der Sattel ungewohnt vor.

Probiert man einen gebrauchten Sattel aus, setzt man sich gerade und aufrecht hin und fühlt erst einmal. Am besten schließt man die Augen und konzentriert sich ganz auf seine Kehrseite. Der Sattel ist nur dann geeignet, wenn man beide Gesäßknochen gleichmäßig spürt. Ist das nicht der Fall, hat der Vorbesitzer wahrscheinlich vermehrt zu einer Seite gesessen. Übernimmt ein Durchschnittsreiter so einen Sattel, vielleicht weil er sonst noch recht gut aussieht, und reitet dann täglich darin, übernimmt er den Fehler mit einer geschätzten Wahrscheinlichkeit von 10:1. Ein Reiter mit gründlicher Sitzschulung wird sich in so einem Sattel von vornherein nicht wohl fühlen und ihn zwangsläufig nicht kaufen.

Ein alter Sattel, der gut eingesessen ist und einem auch noch unter das Gesäß paßt, kann bei gutem Erhaltungszustand ein echtes Schnäppchen sein, zumal er einem obendrein das Einreiten eines funkelnagelneuen Sattels erspart. Es gibt kaum etwas Unbequemeres als einen neuen Sattel.

Bevor man sich endgültig zum Kauf eines Vielseitigkeitssattels entschließt, muß man prüfen, ob er alle Anforderungen, die man an seinen Sattel stellt, erfüllt. Für normale Ausritte auf normal bemuskelten und normal dicken Pferden ist er sicherlich geeignet, aber sobald das Pferd einen dicken Grasbauch hat, wird es schwierig. Da diese Sättel keine Schweifriemenhalterung haben, rutschen sie gerade bei Pferden mit wenig Widerrist unkontrollierbar nach vorne und behindern das Pferd in seiner Ellbogenfreiheit. Außerdem wächst die Gefahr von Sattel- und Gurtdruck immens. Auch fehlen meist Packringe, die das ordnungsgemäße Mitführen von Gepäck erst ermöglichen. Hat man kein Troßfahrzeug zur Verfügung, disqualifizieren sich diese Sättel allein dadurch für Wanderritte. Hinzu kommt, daß sie eine relativ geringe Auflagefläche haben und deshalb das Reitergewicht nicht gut verteilt wird. In der Dressurreiterei ist die punktuelle Einwirkung des Reiters erwünscht. In der normalen Freizeitreiterei dagegen ist sie überflüssig und besonders auf Langstreckenritten eine zusätzliche Belastung für das Pferd, besonders dann, wenn der Reiter vor Ermüdung oder aus Unvermögen seinem Pferd ins Kreuz fällt.

Der Trachtensattel

Die Sättel, die hier als Trachtensättel angeboten werden, sind meist Vielseitigkeitssättel mit Hintertrachten. Sie gewährleisten eine bessere Gewichtsverteilung auf dem Pferderücken als die Vielseitigkeitssättel und sind mit Packringen und Schweifriemenhalterung ausgerüstet. Ursprünglich wurden sie konzipiert für erwachsene Reiter der leichtfuttrigen Robustpferderassen wie Isländer, Fjord oder Haflinger, die allzu oft mit wenig Widerrist, aber einem unübersehbaren Weidebauch gesegnet sind. Wenn sie passen, sind sie jedoch auch auf Großpferden problemlos zu verwenden.

Die Hinweise im voranstehenden Abschnitt über den Vielseitigkeitssattel zur Anschaffung und Anprobe eines Sattels gelten auch hier. Viele Trachtensättel kamen zuerst als Islandpferdesättel auf den Markt. Diese haben einen leicht nach hinten verlagerten Tiefpunkt und sind somit zum Tölten geeignet.

Der Militärsattel (Deutscher Bocksattel)

Der Militärsattel ist ein echter Trachtensattel. Sein Sattelbaum ist auf zwei Trachten aufgebaut. Diese beiden Trachten verlagern das Reitergewicht optimal schonend auf die beiderseits der Wirbelsäule liegenden Muskelstränge des Pferderückens. Durch die hohe Sattelkammer bildet sich über der Wirbelsäule ein relativ hoher Tunnel, so daß diese auf keinen Fall in Mitleidenschaft gezogen wird. Muskelverspannungen treten bei diesem Sattel wesentlich seltener auf als beim Vielseitigkeitssattel.

Der Sattelbaum ist aus Buchenholz gearbeitet und teilweise mit Eisen verstärkt. In den Sattelbaum eingespannt ist der Sitz aus Rohleder. Durch die hohe Sattelkammer und die Sitzkonstruktion bekommt der Reiter keine direkte Einwirkung auf den Pferderücken. Er sitzt gewissermaßen über dem Pferd.

Der Militärsattel wurde als reiner Arbeitssattel für lange Kavalleriemärsche ausgelegt. Der Soldat mußte alles Lebensnotwendige mit sich führen können. Neben einer ganzen Anzahl von Verschnallmöglichkeiten vorne und hinten hat der Sattel erhöhte Vorder- und Hinterzwiesel, damit der Reiter reichlich Gepäck verstauen kann. Ein solcher Sattel ist deshalb auch als Packsattel zu verwenden. Ein Militärsattel

Militärsattel auf Wolldecke.

kann ohne Werkzeug in seine Teile zerlegt werden, was Reparaturarbeiten stark vereinfacht.
Gebaut wurde der Militärsattel in den Größen 1 bis 5. Obwohl in der Kavallerie alles reglementiert war, sagt diese Größeneinteilung nicht allzuviel aus.
In meinem näheren und weiteren Bekanntenkreis lag ein und derselbe Militärsattel der Größe 1 im Laufe der Jahre auf einem englischen Vollblut, einem Isländer und einem wuchtigen Fjordpferd. So unglaublich es klingen mag, der Sattel paßte allen drei Pferden. Ein Militärsattel der Größe 3 wiederum wurde als Packsattel auf einem Isländer eingesetzt, während ein Landwirt einen Sattel der Größe 2 für eine mächtige Kaltblutstute verwendete, die dadurch keinerlei Schaden nahm. Wir selbst, mein Mann und ich, haben zwei Militärsättel desselben Typs auf ähnlich gebauten Haflingerstuten in Gebrauch; der eine Sattel hat die Größe 1, der andere die Größe 5.
Fast immer kann man auf dem Hinterzwiesel dieser alten Sättel neben der Größenangabe auch noch den Reichsadler, das Sattlerzeichen und das Baujahr erkennen. Über 50 Jahre lang, von 1890 bis zum Ende des zweiten Weltkriegs, wurde der deutsche Militärsattel als Kavalleriesattel unter härtesten Bedingungen eingesetzt und erprobt. Der deutsche Bocksattel ist deshalb als Sattel für Wanderritte und Distanzritte kaum zu schlagen. Wegen seiner pferdeschonenden Eigenschaften eignet er sich auch zum Anreiten junger Pferde, vorausgesetzt, das Pferd ist gut vorbereitet, denn der Sattel gibt dem Knie des Reiters nicht ganz so viel Halt wie ein guter Vielseitigkeitssattel.
Militärsättel sind nach fachgerechter Aufarbeitung nahezu unverwüstlich, wobei besonderes Augenmerk auf die Gurtstrupfen zu richten ist. Ich besaß selbst längere Zeit einen voll funktionsfähigen Sattel aus dem ersten Weltkrieg, der in allen Teilen noch original erhalten war. Der Sattel war nach zwei Weltkriegen auch noch zehn Jahre lang in einer Reitschule im härtesten täglichen Einsatz auf verschiedenen Pferden in Gebrauch, bevor ich ihn bekam. Als ich ihn an eine andere Reiterin weitergab, geschah das nicht, weil er kaputt oder schlecht war, sondern lediglich, weil mir ein anderer, immerhin auch vierzig Jahre alter Bocksattel besser unter dem Gesäß lag. Die Sättel aus dem zweiten Weltkrieg haben im Vergleich zu den älteren Sätteln mit nach hinten verlagerten Tiefpunkt ihren Tiefpunkt zur Mitte hin verlagert und unterstützen deshalb besser den für die kontinentale Reitweise korrekten Sitz.
Wenn man einen solchen Militärsattel erwerben möchte, hilft oft eine Suchanzeige im Bauernblättchen. Hin und wieder werden diese Sättel auch in Fachzeitschriften oder in der Tageszeitung angeboten. Auf dem Markt befindet sich ein Nachbau des Militärsattels, der allerdings recht teuer ist.

Zubehör

Für die bisher besprochenen Satteltypen wird weitgehend dasselbe Zubehör verwendet.
Einen nackten Sattel, einen Sattel ohne Zubehör also, kann man noch nicht einsetzen. Um ihn einsatzbereit zu machen, gehören unbedingt Steigbügel, Steigbügelriemen und Sattelgurt dazu. Außerdem wird man, um den Pferderük-

ken zu schonen und den Sattel vor Schmutz und Schweiß zu schützen, eine Satteldecke verwenden.

Von der Qualität der Steigbügelriemen und der Steigbügel hängt zu einem großen Teil die Sicherheit des Reiters ab. Allein schon deshalb sollten eine erstklassige Qualität und ein erstklassiger Pflegezustand selbstverständlich sein. Für den Pflegezustand ist man selbst verantwortlich, die Beurteilung der Lederqualität hingegen ist nicht ganz einfach. Man sollte sich hier schon etwas auf die Beratung eines Fachverkäufers verlassen und nicht darauf bestehen, den billigsten Riemen zu kaufen. Der billigste Steigbügelriemen ist nicht immer der preisgünstigste. Brüchige Steigbügelriemen gehören nicht mehr an den Sattel. Nun zu den Steigbügeln: Steigbügel sollten groß und schwer sein, damit sie bequem und sicher sind. Große, schwere Steigbügel verliert man nicht so schnell, und wenn doch, findet man sie leichter wieder als hin und her baumelnde leichte Bügel. Gummieinlagen machen die Trittfläche zudem rutschfester.

Auf dem Markt befindet sich eine ganze Reihe verschiedener Sicherheitssteigbügel, die für den Freizeitreiter sicherlich empfehlenswert sind. Es gibt Steigbügel, die anstelle der äußeren Metallstrebe ein Gummiband haben, das bei einem Sturz den Fuß freigibt. Andere Steigbügel haben gebogene Seitenstreben und ermöglichen so ebenfalls ein Herausgleiten des Fußes. Die Aufhängung dieser Bügel läßt sie parallel zum Sattel hängen, was ebenfalls sehr angenehm ist.

Inzwischen gibt es auch noch neuere Entwicklungen, die anstelle der normalen Steigbügelaufhängung eine Art Schloß besitzen, das sich beim Sturz öffnet und so ebenfalls dafür sorgt, daß der Reiter nicht mitgeschleift werden kann.

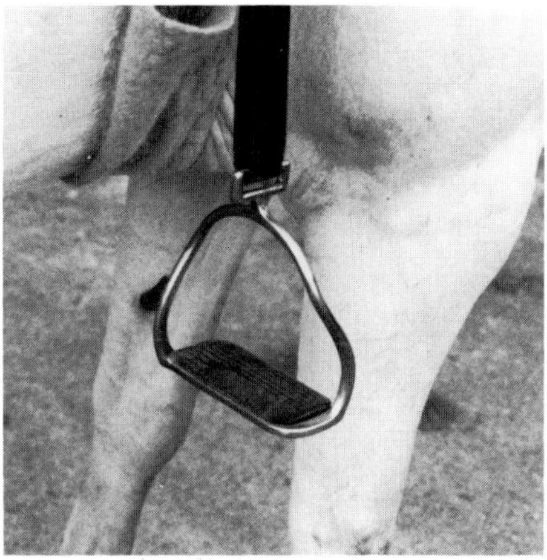

Sicherheitssteigbügel.

Die hier beschriebenen Steigbügeltypen haben große Ähnlichkeit mit dem normalen Steigbügel; ganz anders hingegen sieht der Camargue-Steigbügel aus. Dieser Steigbügel wird von den berittenen Hirten der Camargue be-

Camargue-Steigbügel.

nutzt und ist für seine Sicherheit und seine Bequemlichkeit berühmt. Er hat eine breite Trittfläche, auf der der halbe Fuß des Reiters Platz findet. Über diese Trittfläche wölben sich Streben, die zusammen eine Art Korb über dem Fuß bilden. Der Steigbügel ist sehr schwer. Ein Durchrutschen des Fußes ist unmöglich. In Deutschland wird er meines Wissens nur von der Fa. Hofmeister in Sprockhövel vertrieben.

Besonders wichtig sind Sicherheitssteigbügel im Zusammenhang mit Militärsätteln, da diese keine Sturzfeder besitzen.

Das nächste wichtige Zubehörteil ist der Sattelgurt. Am weitesten verbreitet ist sicherlich der Schnurengurt. Er ist relativ rutschfest, meist ziemlich breit und außerdem preiswert. Falls man sich für diesen Gurt entscheidet, sollte man ihn in Braun oder Schwarz nehmen. Weiße Schnurengurte sehen ständig schmuddelig aus, aber auch die dunklen Gurte müssen natürlich regelmäßig gereinigt werden, da verkrusteter Schmutz in der Gurtlage scheuert und so einen Gurtdruck verursachen kann. Durch die Schnüre sind sie schlecht von Hand sauber zu bekommen. Man kann sie in der Waschmaschine waschen, muß sie dann aber wegen der Schnallen, die die Waschtrommel beschädigen könnten, in einen Kissenbezug oder etwas ähnliches stopfen.

Besonders bei Pferden im Winterfell passiert es immer wieder, daß zwischen den Schnüren Haare eingeklemmt werden. Einige Pferde reagieren darauf empfindlich. In solchen Fällen helfen Nylonsattelgurte, bei denen nichts mehr ziepen kann. Bei diesen Sattelgurten reicht oft ein Abreiben mit einem feuchten Tuch oder das Abwaschen unter fließendem Wasser. Ein Nachteil ist, daß der Nylongurt nicht so breit ist wie ein guter Schnurengurt. Für das Pferd ist ein breiter Gurt angenehmer als ein schmaler. Die Wahrheit dieser Aussage kann man an sich selbst ausprobieren und zwar mit einem breiten und einem schmaleren Gürtel. Persönlich bevorzuge ich einen dreifach gelegten Ledersattelgurt, der etwa so breit wie ein Schnurengurt sein sollte. Er ist recht teuer, hat aber den Vorteil, durch seine Breite dem Pferd angenehm zu sein, ohne an den Haaren ziehen zu können; außerdem läßt er sich leicht sauberhalten. Nachdem er gründlich eingefettet oder eingeölt worden ist, kann er mit einem feuchten Lappen und Sattelseife problemlos gereinigt werden. Regelmäßige Pflege ist allerdings Voraussetzung.

Bei Pferden, die in der Gurtlage empfindlich sind, sollte man vorsorglich einen Gurtschoner benutzen. Für Pferde, die unter Gurtzwang leiden, werden elastische Sattelgurte angeboten. Diese sollen verhindern, daß sich das Pferd eingeengt fühlt und deshalb Beklemmungen bekommt.

Sattelunterlagen gibt es in den verschiedensten Ausführungen:

Die für den Militärsattel typische Unterlage ist der Woilach. Der Originalwoilach hat eine Größe von ca. 2×2 m bis 2×2,50 m und ist aus reiner Wolle. Er wird dreifach gefaltet und damit sechslagig benutzt. Er wird heute kaum noch angeboten und wenn, dann meist zu einem sehr hohen Preis.

Statt dessen kann man fast ebensogut jede andere Wolldecke verwenden, vorausgesetzt, sie ist wirklich aus Wolle

Richtiges Zusammenlegen der Sattelunterlage

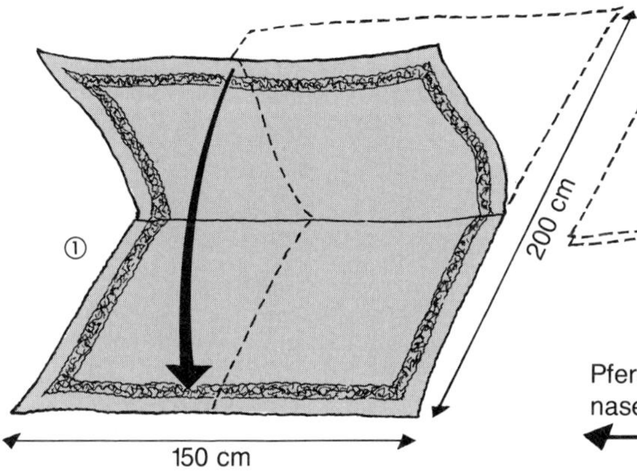

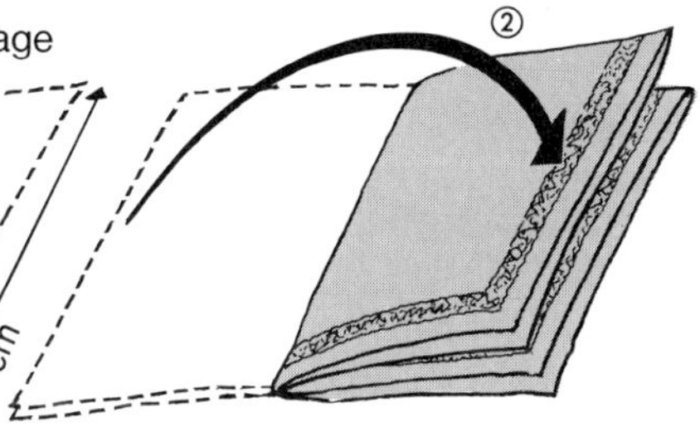

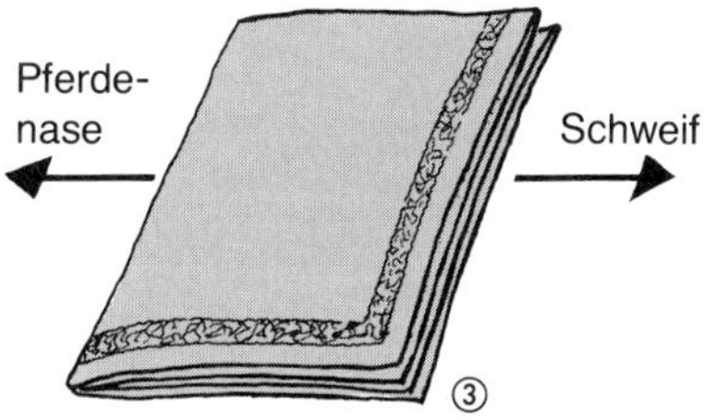

US-Decke vierlagig

Fertig gefaltet, wird die Decke an den oberen Ecken gefaßt und von links auf das Pferd gelegt. Das gilt für die US-Decke wie für den Woilach.

Woilach sechslagig

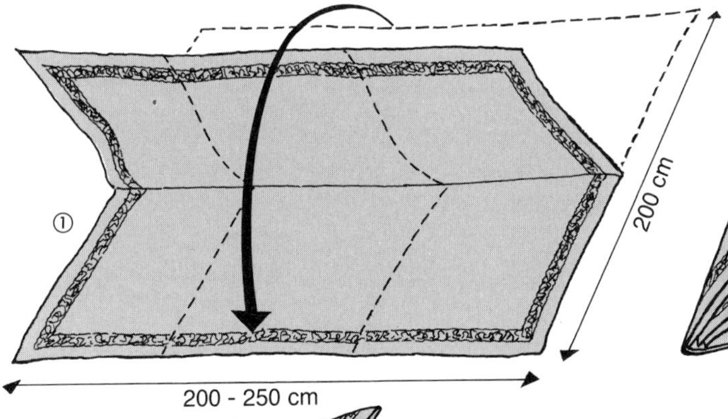

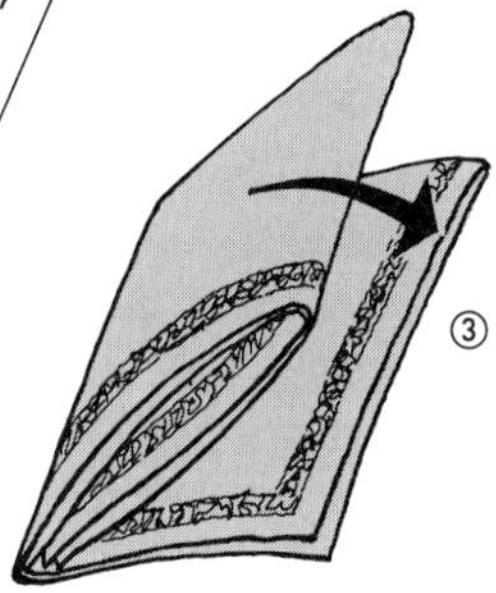

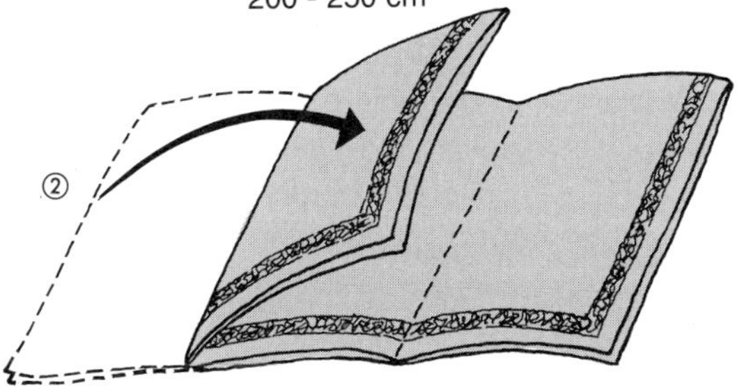

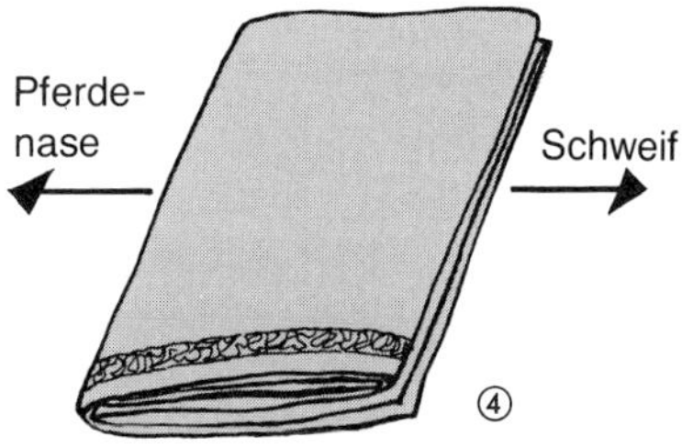

und hat doppelt, besser dreifach gefaltet eine Größe, die den Sattel möglichst voll unterlegt. Oft kann man brauchbare Decken ganz günstig in Armeeläden erstehen.
Nachdem die Decke doppelt gefaltet wurde, wird sie so auf das Pferd gelegt, daß die geschlossene Seite zum Widerrist hin zu liegen kommt, von den beiden vierlagig offenen Seiten kommt eine auf die linke Seite des Pferdes, die andere nach hinten. Wichtig ist dabei, daß die Decke glatt liegt und keine Falten wirft. Damit die Decke nicht auf den Widerrist drückt, wird sie vorne in die Sattelkammer gezogen. Man nennt das Einkammern. Eine solche Wolldecke ist nicht nur als Woilachersatz für Militärsättel geeignet, sondern hat sich auch als Satteldecke für Vielseitigkeitssättel und sog. Trachtensättel bewährt.
Die Vorteile dieser Sattelunterlage sind vielseitig:

- Sie nimmt sehr gut Schweiß auf.
- Wenn man sie immer wieder umfaltet, hat man mehrere saubere Seiten für den Pferderücken.
- In Rittpausen oder nach dem Ritt kann man sie notfalls als Pferdedecke verwenden.
- Nach einem Unfall kann man einen Verletzten mit der Decke oft längere Zeit warmhalten.

Trotz der vielen Vorteile, die ein Woilach oder ein Woilachersatz bieten, gibt es eine geradezu unüberschaubare Menge anderer Satteldecken. Grundsätzlich gibt es zwei verschiedene Formen. Satteldecken können entweder in Form des Sattels ausgeschnitten sein oder aber eine rechteckige Form aufweisen. Bei letzteren handelt es sich um Schabracken. Kann man sich schon nicht zu einer Wolldecke durchringen, sind Schabracken immer noch günstiger als die ausgeschnittenen Unterlagen. Bei ihnen kann man nämlich am Sattel noch Satteltaschen befestigen, ohne daß die bepackten Satteltaschen direkt an das Pferd kommen.
Eine dickere Satteldecke hat natürlich eine größere Schutzwirkung als eine dünne. Bewährt hat sich wattiertes, gestepptes Baumwollmaterial mit Frotteeunterseite. Frottee nimmt einerseits sehr gut Schweiß auf und macht andererseits die Decke ziemlich rutschfest. Dicke Filzunterlagen sind ungünstig, da nur schlecht sauberzuhalten.
Eine Ledersatteldecke ist bei guter Pflege und regelmäßiger Reinigung sicherlich nicht schädlich, andererseits aber auch für die vielfältigen Ansprüche eines Freizeitreiters bei weitem nicht so gut geeignet wie ein Woilach oder eine einfache Decke. Außerdem ist sie recht teuer.
In Reitsportgeschäften werden immer wieder auch dünne Plastiksatteldecken angeboten. Diese Dinger schützen den Sattel vor Verschmutzungen, und sie sind pflegeleicht, da man sie direkt am Stall abwaschen kann, aber für das Pferd leisten sie nichts; sie saugen weder Schweiß auf noch sind sie stoßdämpfend.
Bei in Form des Sattels ausgeschnittenen Satteldecken ist bei Trachtensätteln darauf zu achten, daß auch die Trachten voll mit der Decke unterlegt sind. Geschieht dies nicht, scheuern die Trachten des Sattels auf dem Pferderükken. Die meisten Satteldecken dieser Machart sind für Trachtensättel hinten zu kurz.

Bei im Rücken extrem empfindlichen Pferden kann man zusätzlich zu jeder Satteldecke noch ein Schaumstoffpolster zwischen Sattel und Satteldecke legen, das Stöße abschwächt.
Im weiteren Sinne gehören zum Sattelzubehör auch Schweifriemen und Vorderzeug. Für Pferde mit dickem Weidebauch und kaum ausgeprägtem Widerrist ist der Schweifriemen ein absolutes Muß, um den Sattel in der richtigen Lage zu halten. Bei solchen Pferden rutscht der Sattel ohne Schweifriemen viel zu weit nach vorn. Ein Vorderzeug ist beim Reiten im flachen Gelände in den seltensten Fällen erforderlich. Es soll ein Zurückrutschen des Sattels verhindern. Will man ständig bergauf und bergab reiten, kann es sich als sehr nützlich erweisen.

Der Westernsattel

Der Westernsattel ist eine Weiterentwicklung der mittelalterlichen, spanischen Sättel auf dem amerikanischen Kontinent. Er wurde zunächst als reiner Arbeitssattel für die Rinderarbeit entwickelt.
Ebenso wie der Militärsattel ist der Westernsattel ein echter Trachtensattel. Er verteilt das Reitergewicht optimal auf dem Pferderücken, wodurch die punktuelle Einwirkung des Reiters nicht so groß ist wie beim Vielseitigkeitssattel. Der Druck des Reitergewichts wird einfach auf eine größere Rückenfläche verteilt. Es gibt immer wieder Pferde, die sich unter einem Vielseitigkeitssattel kaum entspannen können, die sich aber unter einem Westernsattel problemlos lösen lassen.
Ein Handikap des Westernsattels ist sein oft hohes Gewicht. Er kann ohne weiteres 20–25 kg wiegen. Aufgrund seiner guten Gewichtsverteilung sind ein paar Kilo mehr oder weniger bei einem Pferd, das selbst ein ziemlich hohes Eigengewicht mitbringt – etwa ab 500 kg und mehr –, kein großes Problem; trotzdem würde ich einem recht leichten Deutschen Reitpony keinen 20 kg schweren Sattel auf den Rücken legen. Überlegen wir doch einmal: Auf einem durchschnittlichen Reitpony, nicht zu dick und nicht zu dünn, 300–350 kg schwer, 1,40–1,45 m Stockmaß groß, würden wir ohne Bedenken eine Person, die bis zu 60 kg auf die Waage bringt, reiten lassen. Bei einer stämmigen Person von 80 kg würde jeder dazu neigen, das Ganze als Tierquälerei anzusehen, besonders dann, wenn es sich nicht um einen einmaligen Ausritt handelt, sondern um den ständigen Reiter des Ponys. Der Vergleich hinkt vielleicht, weil das Gewicht bei einem Westernsattel über eine größere Fläche verteilt wird, ganz von der Hand zu weisen ist er jedoch sicherlich nicht. Hinzu kommt, daß es vor allem für

Westernsattel.

Frauen sehr unbequem ist, einen so schweren Westernsattel auf ihr Pferd zu hieven.
Ein anderer Nachteil des Westernsattels ist sein Preis. Für einen guten Sattel gibt man etwa das Doppelte aus wie für einen guten Vielseitigkeitssattel, zumindest wenn er auf traditionelle Art und Weise hergestellt ist. Neben dem Leder ist einer der Hauptkostenfaktoren der Sattelbaum. Die beiden Nachteile Gewicht und Preis werden durch die verhältnismäßig neuen Ralide-Kunststoffbäume etwas abgefangen. Diese Sattelbäume sind erstens leichter als die traditionellen, mit Rohhaut (rawhide) bezogenen Holzbäume, zweitens drücken sie durch die maschinelle Fertigung die Herstellungskosten des Sattels und damit letztendlich den Kaufpreis entscheidend.
Obwohl ein Westernsattel völlig anders aussieht als ein Vielseitigkeitssattel, wird er genauso ausprobiert wie eben ein solcher und er muß nahezu die gleichen Voraussetzungen erfüllen. Auch er wird möglichst direkt auf dem bloßen Pferderücken probiert. Zwischen Widerrist und Sattel müssen auch hier mindestens drei Finger breit Platz bleiben. Die Rigging, die Sattelgurthalterung, muß so angebracht sein, daß die Ellbogenfreiheit des Pferdes erhalten bleibt, d. h. der Sattelgurt, Cinch oder auch Girth genannt, sollte wie beim Vielseitigkeitssattel eine Handbreit Platz zum Ellbogen des Pferdes lassen.
Gute Westernsättel werden meist in verschiedenen Sitzgrößen angeboten, so daß der Käufer die Möglichkeit hat, seinen Wunschsattel in der für ihn passenden Größe zu erstehen. Da es Westernsättel in allen erdenklichen Ausführungen für alle Westerndisziplinen gibt und weil nicht jeder Sattel zum Freizeitreiten ideal ist, schon gar nicht für Umsteiger, die von anderen Reitweisen kommen, sollte man sich seinen Sattel mit Hilfe eines versierten Westernreiters aussuchen. Am ehesten in Frage kommen für den Freizeitreiter wohl Sättel ohne Horn oder mit niedrigem Horn. Ein hohes Horn würde die Zügelführung mit tiefer Hand behindern und deshalb vor allem Umsteiger von der kontinentalen Reitweise stören. Ein niedriges Horn ist recht günstig, da man daran diverse Gegenstände befestigen kann, wie z. B. eine Feldflasche oder eine Kartentasche, auch kann man das Führseil eines Handpferdes sicherheitshalber um das Horn schlingen, und in wackeligen Situationen bietet das Horn oft einen guten Halt. Verzichtet man also auf ein Horn, verliert man einen der Vorteile, die der Westernsattel zu bieten hat.
Viele Sättel haben seitlich neben dem Horn Aufwölbungen, die Swells genannt. Sie geben dem Reiter zusätzlichen Halt für die Oberschenkel.
Es gibt Westernsättel mit einem sehr breiten und andere mit einem schmalen Sitz. Vor allem Reiter mit relativ kurzen Beinen, aber starken Oberschenkeln, fühlen sich in Sätteln mit breitem Sitz schnell wie »über ein Faß gebügelt«.
Der Westernsattel ist zum Springen ungeeignet, Hüpfer bis 45 cm Höhe können allerdings auch laut Regelbuch der EWU von 1988 in Western-Trail-Prüfungen verlangt werden. Viele Baumstämme, die auf Waldwegen herumliegen, sind auch nicht dicker, und falls doch, werden viele Freizeitreiter wohl ein Ausweichen sowieso vorziehen, da das Springen nicht ihr Metier ist.

Zubehör

Westernsteigbügel gehören normalerweise beim Kauf eines Westernsattels ohne Aufpreis zum Sattel. Gute Westernsteigbügel sind groß und sehr schwer. Meist sind sie aus Leder oder mit Leder bezogen. Durch ihr Gewicht begünstigen sie eine ruhige Schenkellage, und sollte man sie einmal verlieren, kann man sie leicht wiederfinden. Neben ihrem Gewicht sind dafür die im Vergleich zum Vielseitigkeitssattel doppelt so breiten Steigbügelriemen und die darüberliegenden Seitenblätter des Sattels, die sog. Fender, mitverantwortlich.

An den Steigbügeln kann man Tapaderos befestigen; das sind spezielle Hüllen, die den Westernsteigbügel umschließen und so den Reiterfuß am Durchrutschen hindern und ihn vor Kälte und anderen Umwelteinflüssen schützen. Westernsteigbügel und Tapaderos wirken zusammen etwa wie ein Camargue-Steigbügel, der schon besprochen wurde.

Die Sattelunterlage muß bei einem schweren Sattel notwendigerweise dikker sein als bei einem leichten Sattel. Bei Westernsätteln reichen deshalb einfache Navajodecken nicht aus. Meist werden deshalb dicke, spezielle Sattelunterlagen verwendet, die Pads genannt werden. Die einfachsten bestehen aus Schaumgummi mit einem Baumwollbezug. Beliebt sind Kodelpads. Das Material, aus dem sie bestehen, heißt in Deutschland Vestan. Es ist antiallergisch, antistatisch und antibakteriell und dadurch sehr hautfreundlich. Kodelpads nehmen allerdings kaum Schweiß auf. Viele Reiter legen noch eine Navajodecke zur Zierde über das Pad. Auf anderen Pads ist direkt eine Navajodecke aufgenäht.

Inzwischen gibt es auf dem Markt auch schon Pads mit langen Seiten, die für Vielseitigkeitssättel verwendet werden können.

Das Zaumzeug

Verschiedene Sperrhalfter

Erlaubt ist alles, was dem Pferd nicht schadet, was zweckmäßig und verkehrssicher ist und was letztendlich auch dem Reiter gefällt.

Der denkbar einfachste Zaum besteht aus einem Riemen, der hinter den Ohren um den Pferdekopf läuft und an dessen beiden Enden das Gebißstück eingeschnallt wird. Damit nun der Halteriemen für das im Maul liegende Gebiß nicht verrutschen kann, hat es sich bewährt, entweder um ein Ohr eine Lederschlaufe zu legen (so entsteht ein Einohrkopfstück) oder die Lederschlaufe um beide Ohren zu legen und somit den bei uns allgemein üblichen Stirnriemen herzustellen. Ganze Heerscharen von Reitervölkern kamen damit aus. Wichtig ist es nur, darauf zu achten, daß das Gebißstück nicht so tief im Maul liegt, daß es gegen die Zähne des Pferdes schlagen kann. Besonders gefährdet sind hier die Hakenzähne der Hengste und Wallache. Es gibt allerdings auch Stuten, die Hakenzähne haben. Meist werden sich Falten im Maulwinkel beim Verpassen des Gebißstücks nicht ganz vermeiden lassen. Beim Stirnriemen ist darauf zu sehen, daß er die Ohren des Pferdes nicht einklemmt.

Vervollständigt wird dieser einfache Zaum meist durch einen Kehlriemen, der, wenn er so verschnallt wird, wie er verschnallt werden soll – nämlich so, daß eine aufrecht stehende Männerfaust zwischen Kehlriemen und Pferdekopf Platz hat –, sowohl überflüssig als auch wirkungslos ist. Er soll ein unbeabsichtigtes Abstreifen des Kopfstücks vom Pferdekopf verhindern, was er aber, wenn er so weit geschnallt wird, gar nicht kann.

Mit so einem einfachen Zaum kann man reiten. Nun versuchen Pferde aber, wenn der Reiter den Zügel zu stark, zu heftig oder zu plötzlich annimmt, den unangenehmen Druck in ihrem Maul wieder loszuwerden, indem sie das Maul aufsperren. Manche Pferde, die im Maul verdorben wurden, sperren es schon beim kleinsten Annehmen des Zügels auf, gewissermaßen vorsichtshalber. Das Sperren des Pferdes ist also immer eine Folge der Einwirkung des Reiters mit seiner Hand.

Irgendwann kam ein Reiter darauf, daß es doch viel bequemer ist und viel schneller geht, dem Pferd das Maul zuzubinden, als zu lernen, mit der Hand gefühlvoller umzugehen. Das Sperrhalfter war erfunden. Inzwischen ist es in der hiesigen Reiterei so verbreitet, daß Reitschüler meist nicht mehr lernen, daß man auch ohne es reiten kann. Außer dem Namen »Sperrhalfter« hat sich inzwischen auch der Begriff »Reithalfter« eingebürgert, wodurch bei den meisten Reitern der Eindruck entsteht, ein Reiten ohne Reithalfter wäre gar nicht möglich, was eindeutig nicht stimmt.

Allerdings schadet ein Sperrhalfter dem Pferd auch nicht, vorausgesetzt, es ist richtig verschnallt. Bestenfalls ist es dann überflüssig und bleibt ohne Wirkung. Man unterscheidet verschiedene Typen von Sperrhalftern:

Das hannoversche Sperrhalfter besteht aus Kopfstück, Kinnriemen und Nasenriemen, die in kleine Metallringe eingenäht sind. Es muß so verschnallt werden, daß der Nasenriemen vier Finger breit über dem oberen Nüsternrand verläuft. Der Kinnriemen wird unterhalb des Trensengebisses verschnallt. Man sieht immer wieder viel zu tief und zu eng verschnallte Sperrhalfter. Ein so verschnalltes Sperrhalfter schnürt dem Pferd die Luftzufuhr ab und macht das richtige Abkauen am Gebiß unmöglich.

Immer wieder hört man in Freizeitreiterkreisen, das hannoversche Sperrhalfter sei ein tierquälerisches Instrument. Bei richtiger Verschnallung ist es das sicherlich nicht. Das Problem ist nur, daß es bei vielen Ponys wie auch Robustpferden und allgemein bei Pferden mit relativ kurzer Maulspalte kaum richtig zu verschnallen ist. Wenn man es nun aber hat und glaubt, eines gebrauchen zu müssen, kann man es auch wie das englische Sperrhalfter verschnallen.

Das englische Sperrhalfter ist breiter als das hannoversche. Nasenriemen und Kinnriemen sind nicht durch einen Metallring getrennt. Es wird unterhalb der Backenstücke oberhalb des Trensengebisses so verschnallt, daß es mit dem oberen Rand zwei Finger breit unter der Jochbeinleiste zu liegen kommt. Oben auf dem Nasenrücken müssen zwei Finger zwischen Sperrhalfter und Nasenriemen passen. Das englische Sperrhalfter ist bei allen Pferden problemlos passend zu verschnallen und deshalb empfehlenswert für alle Reiter, die ein Sperrhalfter einsetzen wollen.

Englisches Sperrhalfter, zwei Fingerbreit unter der Jochbeinleiste ...

... und zwei Fingerbreit Platz auf dem Nasenrücken.

Eine Kombination des englischen Sperrhalfters mit dem hannoverschen Sperrhalfter stellt das kombinierte Sperrhalfter dar. Es besteht aus einem englischen Sperrhalfter, das wie vorhin besprochen verschnallt wird. Durch die kleine Schlaufe am Nasenriemen läuft ein zusätzlicher, dünnerer Riemen, der wie beim hannoverschen Sperrhalfter unterhalb des Gebisses verschnallt wird. Dieses Sperrhalfter arbeitet nach dem Motto »doppelt genäht hält besser«. Dieser untere Riemen ist überflüssig, man sollte ihn deshalb herausnehmen. Benutzt man ihn, sollte man zumindest darauf achten, daß die Schnalle nicht an der Maulspalte scheuert.

Das mexikanische Sperrhalfter sieht am Pferdekopf ähnlich aus wie das kombinierte Sperrhalfter und wirkt auch ähnlich. Wahrscheinlich ist der Druck auf den Nasenrücken durch die sich in einem Punkt kreuzenden Lederriemen höher als bei dem kombinierten Sperrhalfter.

Um dem Pferd seine Arbeit soweit wie möglich zu erleichtern, sollte man es auch mit so wenig Leder wie möglich behängen. Wenn man auf ein Sperrhalfter verzichten kann, sollte man es tun. Jeder Riemen mehr kann scheuern und drücken und für die Überbeine, die viele Pferde im Gesicht haben, sorgen. Braucht man ein Sperrhalfter und möchte das Pferd trotzdem mit möglichst wenig Leder belasten, bieten einige Quarterhorse-Kopfstücke eine

Die einfachere Lösung.

hübsche Variante an. Hier wird einfach der Nasenriemen ohne zusätzliche Riemen durch die unteren Schnallstücke der Backenstücke gezogen. Der Nasenriemen kann seine Aufgabe erfüllen, ohne unerwünschte Nebenwirkungen, wie eine Atembehinderung, zu haben.

Verschiedene Zügel

Zum Zaumzeug gehören auch die Zügel. Hier gibt es wieder eine reichliche Auswahl.

Am gebräuchlichsten sind wohl die Gurtzügel mit Lederstegen. Sie sind griffig und liegen angenehm in der Hand. Die Lederstege geben der Hand zusätzlich Halt, da das Pferd dem Reiter den Zügel allenfalls bis zum nächsten Ledersteg durch die Hand ziehen kann.

Die größte Vielfalt findet man bei den Lederzügeln. Alle Lederzügel müssen gut gepflegt werden, damit sie glatt, weich und griffig in der Hand liegen. Die einfachste Ausführung sind hier die glatten Lederzügel. Die Normalbreite bei Lederzügeln beträgt 2 cm, daneben gibt es noch etwas schmalere mit 1,5 cm Breite. Bei doppelter Zügelführung wählt man den 2 cm breiten Zügel als Zügel für die weichere Wirkung. Der schmalere Zügel wird für die Stangenwirkung benutzt.

Bei diesen Zügeln kann man das Zügelmaß millimeterweise verändern, ohne daß Stege wie beim normalen Gurtzügel stören könnten. Im Vergleich zum Gurtzügel hat man bei einem Lederzügel weniger in der Hand. Ein Nachteil ist, daß er, wenn er im Regen naß geworden ist oder wenn die Hände schwitzen, durch die Hand rutschen kann. Aus diesem Grund sollte man einen Lederzügel niemals ohne Handschuhe in die Hand nehmen. Am besten geeignet sind Lederhandschuhe oder auch Wollhandschuhe mit Kunststoffnoppen.

Mehr Halt als die glatten Lederzügel bieten durchflochtene oder geflochtene Lederzügel durch das Flechtwerk. Der durchflochtene Lederzügel besteht aus einem glatten Lederzügel, der mit dünnen Lederriemchen durchflochten ist, die die gleiche Wirkung haben wie die Lederstege auf den Gurtzügeln. Der geflochtene Lederzügel wird aus drei oder mehr Lederriemen geflochten. Auch diese Zügel sind ohne Handschuhe nicht zu empfehlen. Sie sind zwar griffiger als glatte Lederzügel, man bekommt aber ohne Handschuhe sehr schnell wunde Finger, wenn ein Pferd etwas heftig wird.

Sehr angenehm in der Hand sind rundgeflochtene Lederzügel. Es gibt sie lang und kurz, dick und dünn. Hier kann man ganz nach eigenem Geschmack wählen.

Im normalen Turniersport sieht man immer öfter Gummizügel. Durch die geriffelte oder genoppte Gummiauflage sind sie dick, so daß der Reiter viel in der Hand hat, und sehr griffig.

Grundsätzlich sollte man es sich zur Regel machen, jeden Zügel, egal für welchen man sich entscheidet, mit Karabinerhaken zu versehen, damit man die Zügel einfach im Gebißring einklinken und ebenso schnell wieder lösen kann. Sollte ein Pferd einmal in den Zügel treten, kann man das Tier ohne große Umstände befreien und so in vielen Fällen einen Unfall verhindern. Eigentlich dürfte es bei sorgsamem Umgang mit dem Pferd niemals vorkommen, daß es

in den Zügel tritt. Die Erfahrung lehrt aber, daß es trotzdem immer wieder passiert.
Zum Zaumzeug gehört neben dem eigentlichen Kopfstück, dem eventuell benötigten Sperrhalfter und den Zügeln auch noch die Zäumung, entweder in Form eines Gebisses oder als gebißlose Zäumung. Hiervon soll im nun folgenden Teil die Rede sein.

Zäumungen

Allgemeines

Viele Reiter handeln frei nach dem Motto »Reiten ist ein Handwerk«, also ein Werk der Hand. Diese Reiter sitzen auf ihren Pferden mit unruhiger Hand, ziehend und zerrend, und die meisten von ihnen wundern sich dann irgendwann, daß ihr Pferd entweder im Maul immer weiter abstumpft oder total hektisch und zum »heißen Ofen« wird.
In beiden Fällen wird das Pferd nicht mehr bereit sein, Zügelhilfen anzunehmen, es wird »gegen die Hand« gehen. Als Folge wählt der Reiter eine schärfere Zäumung und macht dann meist weiter wie bisher. Folglich geht das Pferd über kurz oder lang wieder gegen die Hand und der Reiter wählt wieder eine schärfere Zäumung. So entsteht ein Kreislauf, der letztendlich dazu führt, daß Reiter und Pferd nicht mehr miteinander klarkommen können. Irgendwann trifft man dann diesen Reiter vielleicht mit seinem Problempferd oder auch mit einem neuen Pferd auf einem Lehrgang. Fragt man ihn nach seinen Problemen, bekommt man oft zu hören: »Ich kann das Pferd nicht mehr halten.« Das ist an sich schon ein Denkfehler. Ein Pferd, auf dem man sitzt, im Maul festhalten zu wollen, ist in etwa das gleiche wie der Versuch, sich selbst an den Haaren aus dem Sumpf zu ziehen – es geht nicht. Im Gegenteil! Aus solch einem Verhalten können sich lebensgefährliche Situationen entwikkeln, da das Pferd immer nachdrücklicher versuchen wird, sich dem schmerzenden Zug im Maul durch Vorwärtsstürmen zu entziehen und so immer schwieriger zu regulieren ist. Wehe dem Reiter, wenn er in so einer Situation auf eine stark befahrene Bundesstraße zurast.
Auch eine weiche Hand muß durchaus einmal zupacken können, ausschlaggebend für den Erfolg ist jedoch das rechtzeitige wieder Loslassen- und Nachgebenkönnen. Nur dann kann ein Pferd sein Gebiß vertrauensvoll annehmen und darauf kauen. Als sichtbares Zeichen dafür entsteht Schaum. Ein kauendes Pferd nimmt die Zügelhilfen seines Reiters immer besser an als ein nicht kauendes Pferd. Außerdem kann sich ein kauendes Pferd wegen der arbeitenden Ohrspeicheldrüse im Genick nicht mehr steifmachen, was bedeutet, daß es im Genick wesentlich leichter nachgibt und dann auch bereit ist, sich nach vorwärts-abwärts zu dehnen (Kontrolle der Losgelassenheit). Als Folge dieses Vorgangs wölbt sich der Rücken auf. Auf diese Weise unterstützt die Nackenmuskulatur die Arbeit des den Reiter tragenden langen Rückenmuskels. Im Verlauf der Ausbildung des Pferdes und der Entwicklung der Halsmuskulatur ist dann die Nackenmuskulatur auch in der Aufrichtung fähig, den Rückenmuskel zu unterstützen. Dabei darf man natürlich nicht vergessen, daß der Motor

beim Pferd hinten sitzt. Ohne eine aktiv untertretende Hinterhand ist all das nicht zu erreichen.
Noch einmal: Ausschlaggebend für eine gute, weiche Hand ist das rechtzeitige Loslassen- und Nachgebenkönnen. Die Kunst des Reitens beruht letztendlich auf dem Loslassenkönnen. Hier ist natürlich zuerst das direkte Loslassen der Hand, das Nachgeben am Zügel gemeint. Dieses »greifbare« Loslassen steht aber in direktem Zusammenhang mit dem gewissermaßen inneren Loslassen des Reiters, dem geistigen Loslassen von Alltagsproblemen und dem rein körperlichen »sich loslassen«, seine Muskeln entspannen können, locker werden. Ein guter Reiter kann mithin nur der sein, der seelisch und körperlich losgelassen auf dem Pferd sitzt.

Trensen

Die meisten Freizeitreiter werden ihre Pferde wohl mit einer Trense zäumen. Zu den Trensen gehören alle gebrochenen und ungebrochenen Gebisse ohne Hebelwirkung. Am bekanntesten sind die einfach gebrochenen Metalltrensen, mit denen der allergrößte Teil der hiesigen Pferde und Ponys geritten wird. Es gibt sie als Wassertrense, bei denen das Mundstück an den Ringen seitlich auf- und abrutschen kann, als Olivenkopftrense, bei der das Mundstück durch olivenähnlich geformte Verdickungen an der Übergangsstelle zu den Gebißringen festgelegt ist, als D-Trense, die ähnlich der Olivenkopftrense wirkt, und als Knebeltrense. Bei der Knebeltrense liegt zwischen dem Mundstück und dem Gebißring ein Metallstab, der ein Durchziehen des Mundstücks durch das Pferdemaul verhindert.

Die Wassertrense regt die Pferde durch das in den Gebißringen frei auf- und abrutschende Mundstück stärker zum Kauen und Spielen an als die Olivenkopftrense oder die D-Trense. Die Olivenkopftrense liegt durch die Verdikkungen meist weicher an den Lefzen an.
Im Laufe der Zeit können sich vor allem an den Übergangsstellen vom Mundstück zum Gebißring messerscharfe Kanten bilden, die an den Lefzen zu Verletzungen führen können. Solche Gebisse bezeichnet man als ausgeschlagene Gebisse. Der einzig vernünftige Aufenthaltsort für sie ist die Mülltonne. Auf gar keinen Fall gehören solche Gebisse noch in ein Pferdemaul, zum einen wegen der Verletzungsgefahr und zum anderen, weil das Pferd durch sol-

Die einfach gebrochene Wassertrense.

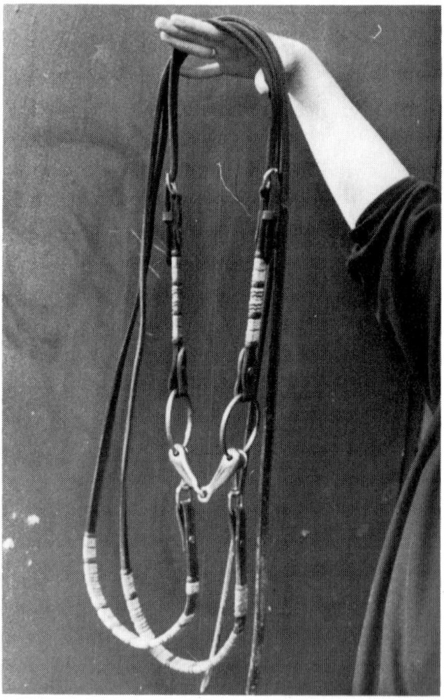

Die Lage der Trense im Pferdemaul.

che Gebisse sehr schnell das Vertrauen in die Reiterhand verlieren kann. Sicherlich ist so manches Kopfschlagen auf ausgeschlagene Gebisse zurückzuführen. Auch Gummischeiben zwischen Mundstück und Gebißring können hier nicht sicher vorbeugen.

Jede Trense muß in ihrer Größe dem Pferdemaul angepaßt sein. Sie darf etwa einen halben bis einen Zentimeter an jeder Maulseite überstehen. Ist sie größer, werden ständig die Lefzen hochgezogen, ist sie kleiner, kneift sie im Maulwinkel. Eine Trense wird im Maul so verpaßt, daß sie auf keinen Fall gegen einen Zahn schlagen kann; besonders muß man hierbei auf die Hakenzähne der Wallache und Hengste achten, wobei man nicht vergessen sollte, daß auch einige Stuten Hakenzähne haben.

Grundsätzlich gilt, daß eine dickere Trense weicher in ihrer Wirkung ist als eine dünnere, weil sie den durch die Reiterhand ausgeübten Druck über eine größere Fläche verteilt. Viele Pferde mögen trotzdem eine dünnere Trense lieber als eine ganz dicke, weil sie auf der dünneren besser kauen können. Sie haben ihr Maul einfach nicht so voll wie viele ihrer Arbeitskollegen.

Schwere Gebisse sind leichteren immer vorzuziehen, da sie ruhiger im Maul liegen als leichte Gebisse.

Für Pferde mit extrem empfindlichem Maul gibt es einfach gebrochene Gummitrensen oder auch ungebrochene Gummistangen. Sie sind in ihrer Wirkung weicher als Metalltrensen. Weil sie sehr dick sind, kauen jedoch viele Pferde auf ihnen nicht sehr gerne. Viele Pferde, die Gummigebisse nicht mö-

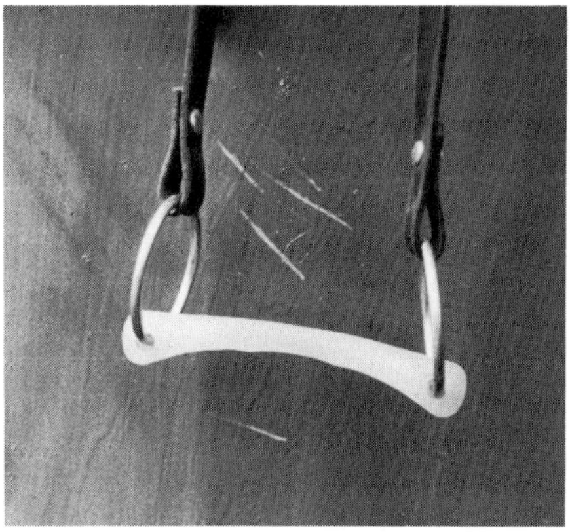

Ein beidseitig benutzbares Nathe-Gebiß, hier mit leichter Zungenfreiheit, und wenn man es umdreht, als gerade Stange.

gen, nehmen Nathe-Gebisse oder Gebisse aus einem ähnlichen Kunststoff problemlos an und kauen munter darauf herum. Diese Gebisse sind ebenso weich wie Gummigebisse, aber wesentlich dünner.

Bei Pferden mit niedrigem Gaumen besteht immer die Gefahr, daß das Gelenk der einmal gebrochenen Trense sich hochstellt und dann gegen den Gaumen drückt. Dieses Problem kann bei den doppelt gebrochenen Trensen, die immer beliebter werden, nicht auftreten. Das mittlere Stück des Mundstücks bleibt immer glatt auf der Zunge liegen, außerdem regt die doppelt gebrochene Trense wesentlich stärker zum Kauen an als die einfach gebrochene, weil sie das Pferd durch die zwei Gelenke und den ständig auf der Zunge liegenden Mittelteil zum Spielen mit dem Gebiß animiert. Ebenfalls zur Förderung der Kautätigkeit dienen Gebisse mit Kupferteilen und rostende Eisengebisse (sweet iron snaffles).

Inzwischen gibt es Trensen in wesentlich größerer Vielfalt als noch vor Jahren: Es gibt gebrochene und ungebrochene Trensen mit und ohne Zungenfreiheit, mit Röllchen, mit Kupferteilen, aus rostendem Eisen, in allen möglichen Metallegierungen und in mehreren verschiedenen Kunststoffen. Bei dieser Vielfalt kann man wirklich für die meisten Pferde ein Trensengebiß finden, das gerne angenommen wird.

Die einzige Gruppe von Pferden, für die eine Trense völlig ungeeignet ist – sieht man einmal von Pferden mit Maulverletzungen ab –, sind echte Durchgänger. Jedes Pferd kann sich einmal erschrecken und ein paar Sätze vorwärts machen, aber diese Pferde sind hier nicht gemeint. Gemeint sind Pferde, die plötzlich unkontrollierbar vorwärtsstürmen, sei es, weil sie eine unbändige

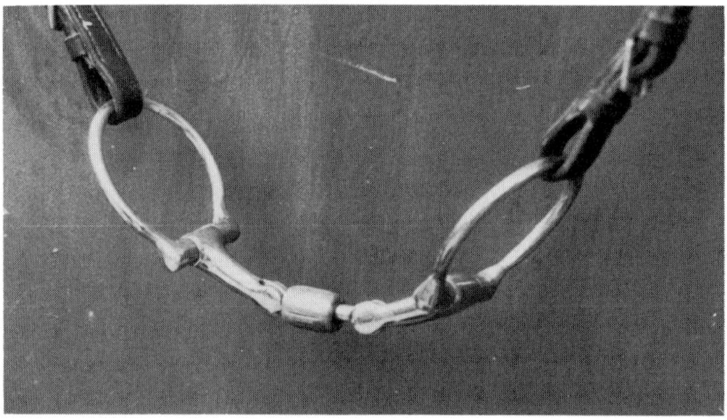

Doppelt gebrochene Trense mit Kupferröllchen, das zum Spielen anregt und das Einspeicheln fördert.

Laufflust austoben oder auch, weil sie völlig in Panik sind. Solche Pferde drükken den Unterhals heraus und machen sich im Hals steif. Normalerweise wirkt die Trense auf Laden, Zunge und Lefzen. Bei einem durchgehenden Pferd kommt es bei relativ hoher Handhaltung nur noch zu einem Ziehen in den Lefzen, die Pferde versuchen dann, gegen diesen Zug anzurennen. Bei extrem tiefer Handhaltung kommt zwar der Druck auf die Laden, nur wird dieser Druck das Pferd meist nicht zum Nachgeben bringen, sondern es auch gegen diesen Druck angehen lassen.
In einem solchen Fall hilft nur eins, obwohl es Überwindung kostet: Erst einmal sollte man den Zügel hingeben, damit das Pferd nichts mehr hat, wogegen es anrennen kann. Sobald es ruhiger wird, sollte man möglichst auf eine Zirkellinie abwenden (Feld oder Wiese). Falls man ein solches Erlebnis unverletzt überstanden hat, sollte man sich ernsthaft Gedanken darüber machen, ob man vom eigenen Können her eine Chance hat, das Pferd zu einem sicheren Freizeitpartner zu erziehen.

Stangen

Als Stangen bezeichnet man ungebrochene Gebisse mit seitlichen Anzügen, die zusammen mit Kinnkette oder Kinnriemen benutzt werden. In der Literatur werden diese Gebisse manchmal auch Kandaren genannt, andere Autoren wiederum verstehen unter einer Kandare nur eine ungebrochene Stange, die in Verbindung mit einer Unterlegtrense benutzt wird. Um diesem leidigen Definitionsproblem zu entgehen, möchte ich hier bei dem Begriff »Stange« bleiben.

Bevor man sich eine Stange anschafft, sollte man sich darüber klarwerden, ob das Pferd und vor allem man selbst soweit geschult ist, daß man den Einsatz einer Stangenzäumung überhaupt verantworten kann. Der Reiter sollte seine Schenkel- und Gewichtshilfen gezielt einsetzen können und einen vollkommen zügelunabhängigen Sitz haben. Das bedeutet, daß er auch in brenzligen Situationen, z. B. wenn ein Pferd bukkelt, genau wissen muß, was er mit seiner Hand tut. Des weiteren darf er nie und unter keinen Umständen die Tendenz haben, sich am Zügel festzuhalten. Andererseits sollte das Pferd gelernt haben, den Hilfen des Reiters sicher zu folgen und seine Hinterhand unterzusetzen.
Stangenzäumungen stehen sowohl in der hiesigen, kontinentalen Reiterei als auch beim Westernreiten ganz am Ende der Ausbildung von Pferd und Reiter. Die Stange ist keinesfalls als Notbremse gedacht, und sie ersetzt auch keine mangelnde Ausbildung, weder beim Reiter noch beim Pferd; dessen sollte man sich bewußt sein, bevor man zur Stangenzäumung greift.
Bei entsprechender Ausbildung von Reiter und Pferd ermöglicht eine Stange eine präzisere und feinere Hilfengebung als eine Trense. Sie wirkt auf Zunge, Laden und zusätzlich durch die Kinnkette auf den Unterkiefer sowie durch das Vorschieben der Oberbäume beim Annehmen des Zügels auf das Genick des Pferdes.
Die Schärfe einer Stange hängt ab vom Verhältnis Unterbaum zu Oberbaum, von der Dicke des Mundstücks, von der Höhe der Form der Zungenfreiheit und von der Art der Kinnkette. Als für viele

Pferde günstig hat sich ein Verhältnis von ca. 2:1 von Unterbaum zu Oberbaum herausgestellt. Ein solches Verhältnis haben wir beispielsweise, wenn der untere Anzug einer Stange 7 cm lang ist und der Oberbaum, der seitliche Teil des Gebisses oberhalb des Mundstücks, 3,5 cm Länge aufweist. Das gleiche Verhältnis von 2:1 haben wir bei einem Anzug von 5 cm Länge und einem Oberbaum von 2,5 cm Länge. Hätten wir nun zwei Gebisse, die sich bis auf die Länge der unteren Anzüge und der Oberbäume vollkommen gleichen, also auch in ihrem Verhältnis Unterbaum zu Oberbaum identisch sind, dann müßten diese beiden Gebisse gleich scharf sein, und doch sind sie es nicht. Wieso?

Bei angenommenen Zügeln soll die Stangenwirkung voll einsetzen, wenn Stangenunterbaum und Maulspalte einen Winkel von 45° bilden. Bei geschwungenen Unterbäumen nimmt man dabei zur Winkelbestimmung die Gerade zwischen der unteren Öse des Unterbaums und der obersten Öse, an der das Kopfstück befestigt ist. Ist der Winkel kleiner, sprechen wir von einer strotzenden Stange, ist er größer, von einer durchfallenden Stange. Nehmen wir an, der Winkel beträgt 45°, und stellen wir uns nun die Schenkel des Winkels vor. Dabei fällt auf, daß die Schenkelenden immer weiter auseinandergehen, je weiter man diese Schenkel verlängert, was gleichzeitig bedeutet, daß der Weg von einem Schenkel zum anderen immer länger wird. Auf unsere im Pferdemaul liegende Stange angewendet bedeutet das, daß der Weg, den der Anzug bis zum straffen Anliegen der Kinnkette am Kinn zurücklegen muß, bei einem längeren Unterbaum länger ist als bei einem kurzen. Dem Pferd wird damit auch eine längere Reaktionszeit zugebilligt. Eine Stange mit im Vergleich zu einer anderen Stange längerem Unterbaum bei gleichem Unterbaum-Oberbaum-Verhältnis ist demnach im Endeffekt weicher in der Wirkung, wenn sie in allen übrigen Details mit dem Vergleichsexemplar übereinstimmt.

Viele Stangen sind mit einer Zungenfreiheit ausgerüstet. Eine hohe, enge Zungenfreiheit ist schärfer als eine weite, flache. Es ist unbedingt darauf zu achten, daß an den Stellen der Stange, an welchen sich die Zungenfreiheit hochwölbt, keine scharfen Kanten sind, denn daran könnte sich das Pferd unter Umständen im Maul verletzten.

Viele Reiter machen sich zwar Gedanken um das Maul ihres Pferdes, aber kaum jemand denkt an das Kinn bzw. die Kinngrube seines Pferdes, obwohl das Pferd am Kinn sehr empfindlich ist, weil direkt unter der Haut schon der Knochen liegt. Bei vielen Pferden reicht anstelle der Kinnkette ein einfacher Lederriemen oder auch ein Sporenriemen aus Nylon. Möchte man trotzdem mit Kinnkette reiten, sollte man bedenken, daß eine breite Kette in ihrer Wirkung weicher ist als eine schmale, da sie den Druck über eine größere Fläche verteilt. Außerdem darf die Kette auf keinen Fall verdreht sein, sondern sie muß glatt ausgedreht sein.

Ein besonderes Merkmal der Stangenzäumungen ist ihre beizäumende Wirkung. Die Stange bringt nämlich das Pferd dazu, die Nase herunterzunehmen und im Genick abzuknicken. Das ist zwar prinzipiell erwünscht, aber dem

Reiter wird es unmöglich, das Pferd vorne aufzurichten, wenn es auf die Vorhand fällt, d. h. wenn es nicht aktiv mit der Hinterhand untertritt und dem Reiter anstelle eines »Bergauf-Gefühls« ein »Bergab-Gefühl« vermittelt; solche Pferde belasten ihre Vorhand übermäßig. Es besteht die große Gefahr eines vorzeitigen Verschleißes durch Überlastung der Vorderbeine.

Gebisse, die eine doppelte Zügelführung ermöglichen, können hier Abhilfe schaffen. Es gibt keine Regeln zur richtigen Handhabung der doppelten Zügelführung. Dem Reiter ist es freigestellt, die für ihn und sein Pferd günstigste Zügelführung herauszufinden. Es hat sich aber als günstig erwiesen, den oberen und den unteren Zügel getrennt zu führen. Der obere Zügel soll hier Trensenzügel genannt werden, da mit ihm eine trensenartige Wirkung erzielt wird. Der untere Zügel ist der mit der Hebelwirkung ausgestattete Stangenzügel. Für die doppelte Zügelführung sind glatte Lederzügel am besten geeignet.

Die doppelte Zügelführung.

Besonders günstig ist es, wenn der Stangenzügel etwas dünner ist als der Trensenzügel, weil dadurch das Auseinanderhalten der beiden Zügelpaare erleichtert wird und der Reiter die Hand nicht ganz so voll hat. Bei mir hat sich folgende Zügelführung bewährt: Der Trensenzügel wird wie gewohnt zwischen dem Ringfinger und dem kleinen Finger geführt, den Stangenzügel nimmt man dann eins höher zwischen Mittel- und Ringfinger. So muß man sich in bezug auf die Lage des Trensenzügels nicht umgewöhnen und kann den Stangenzügel problemlos nachgeben, indem man Mittel- und Zeigefinger leicht öffnet. Der Trensenzügel sollte immer etwas mehr anstehen als der Stangenzügel.

Ein Gebiß, das sich für die doppelte Zügelführung besonders anbietet, ist das Pelham.

Das Pelham Es gibt gebrochene und ungebrochene Pelhams aus Metall oder auch als Gummipelham. Von den gebrochenen Pelhams (mit gebrochenem Mundstück) sollte man die Finger lassen, da sie in ihrer Wirkung noch schärfer sind als die Pelhams mit ungebrochenem Mundstück und weil sie dem Reiter die feine Dosierung der Zügelhilfen, die bei einer ungebrochenen Stange möglich ist, nicht gestatten.

Das ungebrochene Pelham besteht aus einer Stange, die meist leicht aufwärtsgeschwungen ist, so daß sie den anatomischen Gegebenheiten des Pferdemauls entspricht und angenehm im Maul liegt, und Seitenteilen. Die Seitenteile sind beweglich und bestehen aus einem Teil unterhalb und einem oberhalb des Mundstücks.

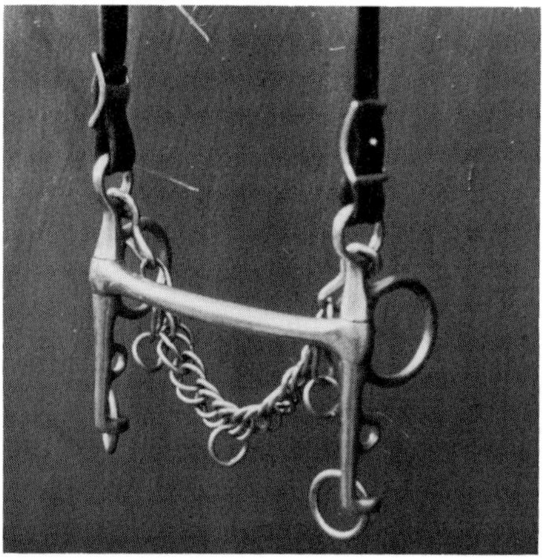

Das Pelham mit ausgedrehter Kinnkette.

Pelhams haben also einen Unter- und einen Oberbaum, die meist ein Verhältnis von etwa 2:1 aufweisen. An jeder Seite sind zwei Ringe für die doppelte Zügelführung angebracht. Der obere Ring liegt in Höhe des Mundstücks und sorgt für eine trensenartige Wirkung, der untere Ring liegt am Ende des Unterbaums und sorgt für die Hebelwirkung. Man sieht oft, daß die beiden Ringe durch ein Lederriemchen verbunden werden, in das dann nur ein Zügel eingehakt wird. Diese Lösung ist meines Erachtens ungünstig, da die Hilfen am Pferdemaul weniger präzise ankommen, auch sollte man sich, wenn man sich schon zutraut, mit einer Stange zurechtzukommen, mit der doppelten Zügelführung auseinandersetzen, weil das für die Reiterhand eine weitere Schulung bedeutet.

Die Westernstange Westernstangen gibt es in wahrlich unzählbaren Varianten. Man sollte deshalb nicht irgendeine Westernstange kaufen, sondern sich ausführlich beraten lassen, wenn man für sich und sein Pferd das richtige Gebiß finden möchte.

Es gibt Westernstangen mit festen und beweglichen Seitenteilen. Bewegliche Seitenteile sollten unten durch eine Distanzstange verbunden sein, damit sie etwas Stabilität bekommen. Viele Westernstangen haben nach hinten gebogene Unterbäume. Der Vorteil liegt darin, daß das Pferd nicht mehr nach den Unterbäumen schnappen kann, was einige von ihnen sehr gerne tun.

Die meisten Westernstangen besitzen eine Zungenfreiheit, die von vielen Pferden gerne angenommen wird,

Das Pelham im Pferdemaul.

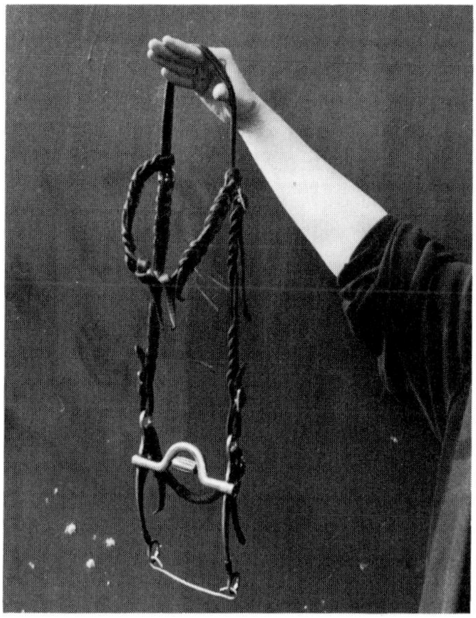

Eine Westernstange.

wenn sie nicht gerade eng, hoch und mit scharfen Kanten ausgestattet ist. In einigen Gebissen ist in dieser Zungenfreiheit noch zusätzlich ein Kupferröllchen eingearbeitet. Kupfer fördert die Kautätigkeit und das Röllchen regt noch zusätzlich zum Spielen an. Viele nervöse oder heftige Pferde können sich beim Spiel mit dem Röllchen schön abreagieren.

Eine gute Westernstange sollte schwer sein. Schwere Gebisse liegen ruhiger im Maul und erleichtern es dem Pferd, die richtige Haltung unter dem Reiter zu finden.

Die Westernstange ist das Gebiß für in ihrer Ausbildung fortgeschrittene Westernpferde. Sie soll mit möglichst loser Zügelführung einhändig benutzt werden. Es gibt allerdings auch unter den Westernstangen Trainingsgebisse, die für eine doppelte Zügelführung ausgelegt sind.

Die Springkandare Die Springkandare wird auch als D-Kandare bezeichnet. Sie besteht aus einer Stange mit einer leichten Zungenfreiheit und D-förmigen Seitenteilen, wobei das Mundstück nicht wie bei der D-Trense in der Mitte des »D« angebracht ist, sondern ganz oben, so daß das D-förmige Seitenteil einen als Hebel wirkenden Anzug bildet. Auch die Springkandare wird mit Kinnkette benutzt und wirkt wie die anderen Stangenzäumungen auf Zunge, Laden, Kinn und Genick.

Der Zügel wird je nach Ausführung der Springkandare entweder direkt in das »D« eingehakt und kann dann frei darin laufen, wobei die Wirkung der Zügelhilfe trensenartig oder stangenartig sein kann (das hängt von der Lage des Zügels im Ring ab), oder er wird in seitlich an dem »D« angebrachte Schlitze eingeschnallt. Bei dieser Ausführung der Springkandare ist die Wirkung der Zügelhilfen wesentlich genauer dosierbar als bei der vorher beschriebenen.

Die Springkandare kann oft Hilfe schaffen, wenn Pferde eine Trense nicht annehmen, aber für eine andere Stangenzäumung noch nicht weit genug ausgebildet sind. Sie wirkt etwas anders als die Trense, ohne die Stangenwirkung überdeutlich werden zu lassen.

Gebißlose Zäumungen

Gebißlose Zäumungen schaffen dort Abhilfe, wo man keine Gebisse einsetzen kann oder will:

- bei Pferden mit Maulverletzungen,
- bei Pferden, die im Maul verdorben wurden,
- bei jungen Pferden, bei denen man die Empfindlichkeit für Gebisse für spätere Aufgaben erhalten möchte.

Alle gebißlosen Zäumungen, mit Ausnahme der mechanischen Hackamore, sollten nur auf fest umgrenzten Plätzen, wie z. B. Weide und Reitplatz, eingesetzt werden. Bei Verkehrsunfällen oder bei Unfällen, in welche Passanten verwickelt werden, kann es zu versicherungsrechtlichen Schwierigkeiten kommen, wenn Zäumungen eingesetzt werden, die nicht als verkehrssicher gelten, was bei allen gebißlosen Zäumungen außer der mechanischen Hackamore der Fall ist. Im Zweifesfall sollte man sich bei seiner Haftpflichtversicherung erkundigen und sich einen eventuellen Haftungseinschluß schriftlich bestätigen lassen.

Alle gebißlosen Zäumungen werden mit losem Zügel gehandhabt. Der Zügel darf nicht ständig anstehen, weil das Pferd dabei durch den ständigen Druck abstumpfen würde. Durch eine derartige falsche Zügelführung würde sich der Reiter auf Dauer selbst der Möglichkeit berauben, eine solche Zäumung einzusetzen.

Die klassische Hackamore Bei der klassischen Hackamore handelt es sich um eine Ausbildungszäumung aus der Westernreiterei, die es ermöglicht, das Pferdemaul vollkommen unverdorben zu erhalten. Sie besteht aus dem Bosal, das Nasen- und Kinnpartie umschließt, der Mecate, die Zügel und Führstrick bildet, und dem Kopfstück.

Das Bosal muß lose am Pferdekopf anliegen. Man sollte nur ein Bosal einsetzen, das ganz aus Rohleder (rawhide) geflochten ist, ohne Stahlseele, denn nur ein solches Bosal kann man der Kopfform seines Pferdes entsprechend verformen.

Die klassische Hackamore mit Bosal, Mecate und Kopfstück.

Bosals gibt es in unterschiedlicher Dicke. Die Dicke wird anhand des Durchmessers der beidseitigen Schenkel bestimmt. Das Nasenstück ist dicker als die Schenkel. Diese beiden Schenkel werden unter dem Unterkiefer in einer Kugel vereinigt, die dafür sorgt, daß das Bosal nach jedem Annehmen durch den Reiter in seine ursprüngliche Lage zurückfindet. Beim Annehmen wirkt das Bosal auf den Nasenrücken und auf die seitlichen Kieferpartien.

Je dicker das Bosal ist, desto breiter ist die Auflagefläche, über die der Druck verteilt wird, den die Reiterhand ausübt. Das bedeutet: Je dicker das Bosal ist, desto weicher ist es auch in seiner Wirkung. Die Ausbildung des Pferdes beginnt deshalb zuerst mit einem dickeren Bosal und geht später zu einem dünneren über. Die dünnsten Ausgaben des Bosals werden als »Pencil«-Bosal bezeichnet (engl. pencil = Bleistift) und oft wie ein Sperrhalfter unter der Stangenzäumung verwendet. Der Westernreiter benutzt das Pencil-Bosal, um dem Pferd den Übergang zur Stangenzäumung zu erleichtern. Versteht das Pferd nicht sofort die Hilfen, die es über die Stange empfängt, werden sie durch das dem Pferd vertraute Bosal verdeutlicht. Hier wird eine Parallele zur Ausbildung der Camargue-Pferde mit Stange und Cavesson deutlich. Das Cavesson, ein Nasenbügel aus Eisen, gilt als Verwandter des Bosals auf dem alten Kontinent.

Ein neues Bosal ist den anatomischen Anforderungen, die der Pferdekopf stellt, noch nicht gewachsen. Es muß erst fachmännisch vorbereitet werden. Hierzu sollte man sich nicht scheuen, einen im Umgang mit dem Bosal erfahrenen Reiter um Rat zu fragen; wenn ein solcher nicht erreichbar ist, sollte man zunächst die speziellere Fachliteratur zu Rate ziehen (s. Literaturverzeichnis auf S. 149ff.).

Das Wort Hackamore stammt von dem spanischen Wort Jaquima, das vermutlich wiederum arabischen Ursprungs ist und später der englischen Sprache angepaßt wurde. Tatsächlich ist es so, daß von orientalischem Blut geprägte Pferde und Pferderassen zum Reiten mit Bosal meist besser geeignet sind als z. B. Isländer, Fjords oder reingezogene Haflinger. Vom orientalischen Blut geprägte Pferde reagieren meist sensibler auf die Wirkung des Bosals, und das Bosal ist bei diesen Pferden wegen der typischen Kopfform leichter zu verpassen. Natürlich bestätigen auch hier, wie überall, Ausnahmen die Regel.

Die Dicke der Mecate sollte der Stärke des Bosals entsprechen: also zum dicken Bosal eine dicke Mecate, zum dünnen Pencil-Bosal eine entsprechend dünne Mecate. Die traditionelle Mecate wird aus Pferdehaar geflochten, wobei die aus Mähnenhaar geflochtene Mecate die wertvollste ist; aber auch Mecates aus anderen Materialien sind durchaus gebräuchlich. Wichtig ist, daß die Mecate ein gewisses Eigengewicht mitbringt, damit sie möglichst wenig durch Witterungseinflüsse und die Bewegungen des Pferdes flattern kann.

Bei einer mit Schweif- oder Mähnenhaar geflochtenen Mecate stehen die Haarspitzen wie kleine Stacheln hoch. Da sie piekst, sollte man sie nur mit Handschuhen handhaben. Der gewünschte Effekt dieser Haarspitzen besteht in einem Reiz am Pferdehals, der benutzt wird, um den Pferden das Erlernen des Neck-Reinings zu erleichtern. Der Zügel wird dabei rechts am Pferdehals angelegt und das Pferd wendet nach links ab, oder umgekehrt. Auch jeder in bezug auf das Westernreiten gänzlich unbedarfte Leser hat dieses Neck-Reining sicherlich schon einmal in dem einen oder anderen Western bewundert.

Die Mecate wird so um die oberhalb der Kugel zusammengedrückten Schenkel des Bosals geschlungen, daß ein Zügel und ein Führseil entstehen.

Das Side-Pull Viele Freizeitreiter kennen diese Zäumung als Lindell. Der Name Side-Pull ist jedoch treffender, da er genau besagt, wie diese Zäumung benutzt wird, nämlich durch »seitliches Ziehen«. Das Pferd wird mit weit in die Wendung zeigender Hand in die Wendung geführt. Die Zügelhilfe ist mit dem vergleichbar, was in der hiesigen, konti-

Das Side-Pull.

nentalen Reitweise manchmal als seitwärtsweisender oder sich öffnender Zügel bezeichnet wird.
Diese Zäumung stammt wie die klassische Hackamore aus Amerika. Der Nasenriemen besteht aus einem harten Seilstück, als Kinnriemen wird ein weicher Lederriemen verwendet, die Bakkenstücke sind an zwei Stellen mit dem Nasenstück verbunden. Das Tempo wird über den durch das Seil auf die Nase hervorgerufenen Druck und die vortreibenden Schenkel- und Gewichtshilfen kontrolliert.
Das Side-Pull eignet sich zum Anreiten junger Pferde und zum Korrigieren von Pferden, die im Maul verdorben wurden, vorausgesetzt, die Pferde verfügen über eine aktive Hinterhand und eine gute natürliche Aufrichtung.
Ungeeignet ist diese Zäumung für Pferde, die leicht auf die Vorhand fallen, da man ein Pferd mit dieser Zäumung kaum aufrichten kann.

Das Vosal Das Vosal ist eine Korrektur- und Ausbildungszäumung und somit nicht als Dauerzäumung gedacht. Es besteht aus einem festen Nasenstück, an dem rechts und links mittels Lederriemchen jeweils ein dünnes Metallstück befestigt ist. Die beiden Metallstücke werden unterhalb des Kinns durch einen Ring verbunden, in den auch die Zügel eingehakt werden. Geritten wird auch hierbei mit losem Zügelkontakt. Das Vosal wirkt durch leichtes Reiben der Metallstücke gegen die Seitenpartien des Pferdekiefers und bei stärkerem Annehmen der Zügel durch Druck auf die Nase. Bei loser Zügelführung bringt das Reiben der Metallstifte die Pferde dazu, den Kopf höher zu tragen und sich vorne aufzurichten. Werden die Zügel stärker angenommen, bekommt aber auch diese Zäumung durch den Nasendruck eine beizäumende Wirkung.
Diese gebißlose Zäumung ist auch, da sie die Aufrichtung fördert, zum Eintölten junger Pferde geeignet.
Nervöse Pferde und am Kopf extrem empfindliche Pferde können allerdings auf das ständige Reiben und Klopfen der Metallstifte am Kopf recht heftig reagieren.

Die mechanische Hackamore Sie besteht aus einem Nasenstück, seitlichen Anzügen, die über ein Gelenk mit dem Nasenteil verbunden sind, einer Kinnkette und einem Kopfstück. Die seitlichen Anzüge sind meist zur Stabilisierung unten mit einer Distanzstange verbunden.
Die mechanische Hackamore wird so verpaßt, daß das Nasenstück auf dem knöchernen Teil der Nase zu liegen

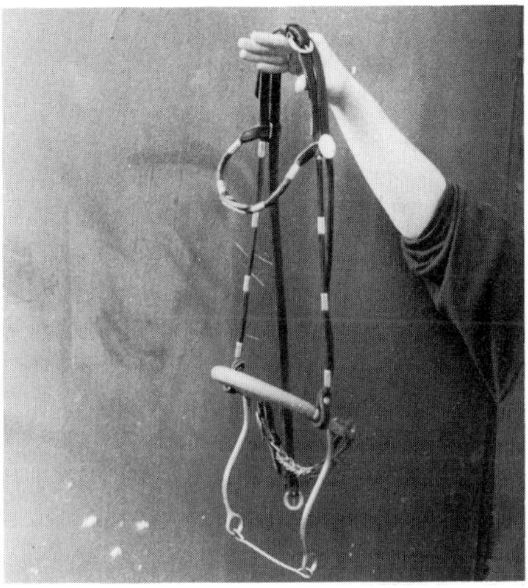

Die mechanische Hackamore . . .

. . . mit fixiertem Nasenteil.

kommt, die Kinnkette liegt dann nicht in der Kinnkettengrube, sondern etwa eine Handbreit höher. Das Nasenstück sollte durch einen dünnen Lederriemen, der mit dem Stirnriemen verbunden wird, in seiner Lage gehalten werden. Zwischen Kinnkette bzw. Kinnriemen und Pferdekopf sollten gut zwei Finger Platz haben. Beim Annehmen der Zügel soll der Druck auf das Kinn ebenso wie bei den Stangenzäumungen bei einem Winkel von 45° zwischen Pferdemaul und Anzug eintreten. Nimmt der Reiter die Zügel an, wird Druck auf Nase und Kinn des Pferdes ausgeübt und je nach Modell der Hakkamore auch auf das Genick.

Die meisten mechanischen Hackamores sind wirklich scharfe Zäumungen, die nur in der Hand eines erfahrenen Reiters auf einem voll ausgebildeten Pferd angewendet werden sollten und zwar mit loser, einhändiger Zügelführung. Die Amerikaner nennen diese Zäumung auch Hackamore-Bit. (Bit = Stange, Kandare). Sie stellen diese Zäumung damit den Stangenzäumungen gleich.

Es gibt auch mechanische Hackamores, die für eine doppelte Zügelführung ausgelegt sind. Die englische Bezeichnung dafür ist Bitless Pelham (gebißloses Pelham), was ebenfalls wieder die Nähe zu den Stangenzäumungen verdeutlicht. Diese mechanische Hackamore eignet sich, weil sie erlaubt, ein Pferd in Aufrichtung zu reiten, auch zum Reiten von im Maul völlig ruinierten Töltern, wie es zum Beispiel bei töltenden Trabern, die erst eine Rennbahnkarriere hinter sich gebracht haben, leider immer wieder der Fall ist.

Die mildere Variante einer mechanischen Hackamore ist die Englische Hackamore mit kürzeren, flachen und breiten Anzügen und einem breiten Nasenteil aus Leder, das zusätzlich mit Fell unterlegt ist. Durch die kürzeren Anzüge ist der Druck auf die Nase nicht so groß, außerdem wird er durch das breite und recht weiche Nasenteil über eine größere Fläche verteilt.

Die Ausrüstung des Freizeitreiters

Freizeitreiter sollten bei aller Bequemlichkeit der Kleidung einen gepflegten Eindruck machen, da ein gutes Erscheinungsbild entscheidend dazu beitragen kann, das Image der Freizeitreiterei zu heben. Da es hierbei keine festen Bekleidungsvorschriften gibt, ist an sich erlaubt, was gefällt. Es gibt allerdings einige grundsätzliche Dinge, an die man sich halten sollte. So sollte die Kleidung atmungsaktiv und für die Jahreszeit warm genug sein. Naturfasern wie Baumwolle und Wolle eignen sich am besten. Im Winter hat sich Ski- oder Rheumaunterwäsche bewährt. Slips mit dünnen Spitzenrändern, wie sie von vielen Damen bevorzugt werden, sind zum Reiten völlig ungeeignet, da sich diese Ränder mit Vorliebe aufrollen und dann vor allem im Schritt scheuern und drücken können; besser sind Unterhosen mit einem etwas breiteren und ganz schlichten Beinabschluß.

Viele Freizeitreiter reiten in Jeans. Vorausgesetzt, man kommt damit gut zurecht, ist dagegen gar nichts einzuwenden. Ein Problem ist nur, daß die Nähte ungünstig liegen und drücken können, auch haben die Hosenbeine vieler Jeans die leidige Tendenz, bei einem unruhigen Schenkel hochzurutschen. Die dadurch entstehenden Falten können am Knie scheuern. Reithosen sind deshalb vom Schnitt her zum Reiten besser geeignet. Übrigens gibt es inzwischen auch Reithosen aus Jeansstoff. Die meisten Reithosen haben entweder einen Lederbesatz am Knie oder aber einen Ganzlederbesatz, der sich von der Innenseite des Unterschenkels über die Innenseite des Oberschenkels bis zum Gesäß erstreckt. Diese Reithosen geben dem Reiter entschieden mehr Halt im Sattel als Jeans oder die Reithosen mit einfachem Knieleder. Ihre Anschaffung erweist sich deshalb meist als grundsätzliche Entscheidung, da man sich an den Komfort, den der Ganzlederbesatz bietet, so sehr gewöhnt, daß man ihn nicht mehr missen möchte. Eine ähnliche Wirkung haben auch Lederchaps, die außer einem sicheren Halt im Sattel auch noch einen Schutz für die Hose gewährleisten. Die meisten Reithosen haben zwar kleine Taschen, die aber kaum benutzt werden können, weil in ihnen untergebrachte Gegenstände auf den Oberschenkel drücken. Besser geeignet, um z. B. einen Schlüssel oder Telefongeld unterzubringen, sind zuknöpfbare Brusttaschen in Hemd oder Bluse oder auch der von Ferienfreizeiten für Kinder altbekannte Brustbeutel.

Hemden und Blusen sollten möglichst aus Baumwolle und genügend weit sein, wie überhaupt jegliche Kleidung die Bewegungsfreiheit des Reiters nicht einschränken darf. Hemden und Blusen mit langen Ärmeln sind günstiger als solche mit kurzen. Lange Ärmel schützen die Arme vor Insektenstichen und Dornen, außerdem kann man einen langen Ärmel, wenn er das Wohlbefinden zu sehr einschränkt, immer noch aufkrempeln. Wird es kühler, können

Pullover helfen, ohne die Bewegungsfreiheit groß zu beeinträchtigen.
Sehr angenehm zu tragen sind auch Reitwesten, bei denen man darauf achten sollte, daß sie leicht gefüttert und hinten etwas länger als vorne sind. Sie gewähren einen Wärmeschutz für Brust, Rücken und Nieren, ohne die Bewegungsfreiheit der Arme einzuschränken, abgesehen davon bieten sie meist durch ein großes Angebot an Taschen reichlich Unterbringungsmöglichkeiten für Kleinkram. Eine solche Weste muß übrigens nicht unbedingt als extra Reitweste in einem Reitsportfachgeschäft teuer erstanden werden; sog. Freizeitwesten erfüllen den gleichen Zweck und sind oft recht günstig zu ergattern.
Jacken sollten möglichst mit einem doppelten Reißverschluß ausgerüstet sein, damit man unten ein Stück öffnen kann, ansonsten knubbelt sich die Jacke vorne im Sattel. Ein Schlitz hinten, eventuell auch zum Zuknöpfen, wie er in allen speziellen Reitjacken vorhanden ist, empfiehlt sich ebenfalls, da er verhindert, daß man ständig auf den hinteren Jackensaum zu sitzen kommt. Günstig sind Jacken mit heraustrennbaren Ärmeln, die dann auch als Westen mitbenutzbar sind. Seit einiger Zeit sind bereits Jacken aus Gore-Tex auf dem Markt, die wasser- und winddicht sind und trotzdem viel Luftzirkulation erlauben. Sie bieten sehr viel Tragekomfort, ihr Preis wirkt allerdings im Moment leider noch recht abschreckend. Vielleicht wird dieses Material im Laufe der nächsten Jahre auch preisgünstiger angeboten.
Alle Jacken haben den Nachteil, daß bei einem Regenguß die Oberschenkel naß werden. Als Regenschutz empfiehlt sich ein leichter, zusammenlegbarer Reitregenmantel oder ein Bundeswehrponcho, die beide problemlos am Sattel mitgeführt werden können.
Eine Frage, die auch schon mehr als eine hitzige Diskussion unter Reitern ausgelöst hat, ist die nach dem richtigen Schuhwerk. Turnschuhe, Sportschuhe und Wanderschuhe, die allesamt auf langen Ritten gern getragen werden, sollten nur benutzt werden, wenn sie auch den Knöchel mitumschließen und dann auch nur im Zusammenhang mit Camargue- oder anderen Sicherheitssteigbügeln.
Stiefel mit Absatz haben den Vorteil, daß der Absatz den Fuß vor dem Durchrutschen bewahrt, wenn er wirklich mal zu weit in den Steigbügel gleiten sollte. Der Absatz wirkt praktisch wie ein Bremsklotz. Passiert es dennoch einmal, daß der Fuß durch den Steigbügel rutscht, und kommt es dann auch noch zum Sturz, hat der Reiter immer noch die Chance, mit etwas Glück aus dem Stiefel herauszurutschen, falls der Steigbügelriemen nicht aus der Sturzfeder gleitet. Trägt er dagegen geschnürte Schuhe, hat er keine Chance, sich aus dem Steigbügel zu befreien.
Entscheidet man sich aus den hier angeführten Gründen für einen Stiefel, sollte man darauf achten, daß man in dem Stiefel auch gut laufen kann, wobei der Stiefel, den man sich aussucht, nicht unbedingt ein spezieller Reitstiefel sein muß. In dem Stiefel sollte man auch mit Wollstrümpfen bequem Platz haben, weil er sonst im Winter zu kalt wird. Gummistiefel sind zwar für gelegentliche, kleinere Ritte zu gebrauchen, aber wenn man mehrmals wöchentlich

das ganze Jahr über reiten möchte, sollte man sich für Lederstiefel entscheiden. Im Sommer bekommt man nämlich in den Gummistiefeln Schweißfüße, während man im Winter ständig unter kalten Füßen zu leiden hat.
Reiten ist nicht gerade die ungefährlichste aller Sportarten. Aus diesem Grund sollte man unbedingt einen Kopfschutz tragen. Eine gut sitzende Reitkappe, die mit der seit Juni 1989 geforderten gabelförmigen Beriemung und mit Kinnschutz ausgestattet ist, stört die Bequemlichkeit so wenig, daß es sich nun wirklich nicht lohnt, im Falle eines Sturzes an ihrer Stelle eine mögliche schwere Kopfverletzung mit bleibenden Schäden in Kauf zu nehmen. Außerdem kann sich die Versicherung weigern zu zahlen, wenn man eine Kopfverletzung durch grobe Fahrlässigkeit, also durch fehlenden Kopfschutz, selbst zu verantworten hat.
Im Winter bekommt man trotz Reitkappe kalte Ohren. Breite Stirnbänder, die bis über die Ohren gehen, können Abhilfe schaffen. Der Anblick mag zwar etwas abenteuerlich sein, aber solange es nützt, sollte man sich davon nicht abschrecken lassen.
Handschuhe sind beim Reiten eigentlich immer und nicht nur im Winter zu empfehlen. Fausthandschuhe halten die Finger wärmer als Fingerhand-

Viele Freizeitreiter bevorzugen Lederchaps für ihren Sport, ein Ausrüstungsteil der Westernreiter.

Baumwollpullis und dunkle Reithosen haben sich bewährt. Der Hengst ist mit einer englischen Hackamore gezäumt.

schuhe. Ein Nachteil besteht jedoch darin, daß die gewohnte Zügelführung nicht mehr möglich ist. Es gibt allerdings auch extra Fausthandschuhe für Reiter, an denen der kleine Finger angestrickt ist.

Schals sollte man nur tragen, wenn sie innerhalb der Jacke Platz haben. Sie können sonst geradezu lebensgefährlich werden, wenn sie z. B. an Ästen hängenbleiben. Besser geeignet sind Halstücher, wobei man Baumwollhalstücher durchaus auch im Sommer tragen kann. Sie sind vielseitig verwendbar, z. B. zum Wärmen, zum Kühlen (nach Anfeuchten mit Wasser), zum Schweißabwischen, zum Abbinden einer Aderverletzung etc.

Zur weiteren Ausrüstung eines Reiters gehören auch noch Gerte und mitunter Sporen. Die Gerte sollte möglichst lang sein (Dressurgerte), da man sonst, wenn man sie benutzen will, entweder die Satteldecke trifft oder aber dem Pferd im Maul zieht. Eine ruhigere Hand hat man unter Umständen, wenn man Sporen benutzt. Die Voraussetzung dafür ist jedoch ein ruhiger Unterschenkel, den der Reiter in jeder Situation, auch und vor allem dann, wenn ein Pferd heftig wird, unter Kontrolle hat, da ein Pferd noch heftiger reagiert, wenn es ständig gepiekst wird. Ein unkontrollierter Einsatz von Sporen kann letztlich dazu führen, daß ein Pferd zum Durchgänger erzogen wird. Andererseits kann ein weniger erregbares Pferd bei ständigem Einsatz Sporen gegenüber abstumpfen. Als erste Sporen empfehlen sich kurze, stumpfe Sporen. Man sollte diese Sporen nicht unterschätzen, auch sie sind nicht völlig harmlos. Sie können durch Reiter, die meinen, jeden Schritt durch den Sporn im Pferdeleib heraustreiben zu müssen, zu Druckstellen und Blutergüssen führen, die nur nicht gleich sichtbar werden, weil das Fell sie verdeckt.

Wenn das Größenverhältnis Pferd – Reiter so ist, daß der Reiter nicht ohne größeren Aufwand mit den Sporen an das Pferd herankommt, hat deren Einsatz keinen Sinn, weil dadurch der gesamte Sitz des Reiters durch das Hochziehen des Beines oder des Absatzes gestört wird. Geht es nur darum, ein oder zwei Zentimeter zu überbrücken, kann man sog. Schwanenhalssporen mit aufwärts gebogenem Sporenhals einsetzen.

Zum Abschluß dieses Kapitels möchte ich noch kurz eine Sache ansprechen, die kaum etwas mit der Ausrüstung, aber ganz viel mit dem Erscheinungsbild und der Sicherheit der Freizeitreiterinnen zu tun hat. Lange Haare sollten hinten zusammengebunden werden, da sie der Reiterin sonst bei ungünstigem Wind die Sicht nehmen. Als Folge davon muß sie die Haare ständig zurückstreichen, was bedeutet, daß sie nur eine Hand am Zügel hat und von Pferd und Gelände abgelenkt wird. Letztlich ist es also so, daß freigetragene, lange Haare die Sicherheit der Reiterin und die Sicherheit etwaiger Passanten und Autofahrer gefährden können.

Reitweisen

Die klassische kontinentale Reitweise

Gemeint ist hier die Reitweise, die bei uns am weitesten verbreitet ist und die letztlich zur Dressurreiterei im olympischen Sinne führt. Von den Westernreitern wird sie auch »Englische Reitweise« genannt.
Viele Freizeitreiter haben irgendwann im Laufe ihrer Reiterkarriere in diese Reitweise hineingerochen und sie oft so schnell wieder aufgegeben, daß sie nicht einmal Zeit hatten, sie richtig kennenzulernen. Da man aber das, was man ablehnt, wenigstens kennen sollte, will ich diese Reitweise hier etwas ausführlicher behandeln. Ziel dieser Reitweise ist es, ein Pferd so zu erziehen, daß es angenehm und leicht zu reiten ist, sein Gleichgewicht unter dem Reiter findet sowie aufmerksam und mit völliger Durchlässigkeit den Hilfen seines Reiters folgt.
Für die Ausbildung wurde eine Ausbildungsskala entwickelt, die 6 Punkte beinhaltet, welche in ihrer Reihenfolge eingehalten werden müssen:

- Takt,
- Losgelassenheit,
- Anlehnung,
- Schwung,
- Geraderichten,
- Versammlung.

Der erste Punkt ist der **Takt.** Vor allem anderen muß das Pferd lernen, in den Gangarten taktmäßig vorwärts zu gehen. Das bedeutet, das Pferd muß sich in einem räumlichen und zeitlichen Gleichmaß auch unter dem Reiter vorwärts bewegen.

Der zweite Punkt dieser Ausbildungsskala ist die **Losgelassenheit.** Sie drückt sich aus durch physische und psychische Leistungsfähigkeit und Leistungsbereitschaft. Dazu gehören im körperlichen Bereich unverkrampfte und erwärmte Muskeln und Sehnen, im psychischen Bereich Spaß an der Arbeit und daraus resultierendes williges Mitarbeiten. Wichtiger Bestandteil der lösenden Arbeit, die diese Losgelassenheit erreichen soll, ist das Leichttraben auf großen gebogenen Linien, kombiniert mit einem häufigen Wechsel der Gangarten. Hat man allerdings ein

Pferd unter dem Sattel, das dazu neigt, sich leicht aufzuregen, ist es meist günstiger, es längere Zeit in einer Gangart vorwärts zu reiten. Dabei darf es allerdings nicht übereilt werden.

Bei jungen Pferden wird in der Lösungsphase viel im Entlastungssitz geritten.

Als Zuschauer kann man die Losgelassenheit eines Pferdes sehr leicht an dessen locker fallendem Schweif erkennen. Als Reiter hat man eine gute Kontrolle durch das »Zügel-aus-der-Hand-kauen-lassen«. Man gibt dabei mit den Händen nach und erlaubt dem Pferd, sich nach vorwärts-abwärts zu dehnen. Diese Übung sollte auch als Entspannung für das Pferd am Ende einer Übungsstunde durchgeführt werden. Ein sicheres Zeichen für eine erfolgreiche Lösungsphase ist es auch, wenn ein Pferd im Laufe der Reitstunde oder des Rittes fleißiger wird.

Takt und Losgelassenheit sind zwar verschiedene Punkte der Ausbildungsskala, sie sollten jedoch trotzdem nie getrennt voneinander gesehen werden; sie bedingen einander. Ein taktmäßig vorwärtsgehendes Pferd findet fast zwangsläufig zur gewünschten Losgelassenheit, und umgekehrt wird der Gang eines Pferdes mit Taktschwierigkeiten mit zunehmender Losgelassenheit immer taktklarer. Besonders deutlich kann man das an Isländern mit Töltproblemen studieren.

Nach der Losgelassenheit folgt als dritter Punkt die **Anlehnung.** Unter Anlehnung versteht man eine weiche, stete, gewissermaßen federnde Verbindung zwischen Reiterhand und Pferdemaul. Genau diese Anlehnung ist gemeint, wenn der Reitlehrer sagt, man solle sein Pferd »an den Zügel stellen« oder »durchs Genick gehen lassen«. Erreicht wird die Anlehnung, indem das Pferd durch ständig treibende Gewichts- und Schenkelhilfen von hinten nach vorne an das Gebiß herangeschoben wird, wobei es mit aktiver Hinterhand an die gleichmäßig angestellten Zügel herantreten soll. Rücken und Hals müssen sich dabei dehnen. Das Genick ist der höchste Punkt des Pferdes. Die Stirn nähert sich der Senkrechten, darf aber auf keinen Fall hinter die Senkrechte kommen. Das Pferd soll kauen und dabei eine gleichmäßige Schaumbildung sichtbar werden lassen (siehe hierzu auch die Einführung zum Thema »Zäumungen«, Seite 101 f.).

Wichtig ist hierbei das feine Zusammenspiel der Hilfen, die Abstimmung der Hilfen aufeinander. Eine ständige Anlehnung an die Reiterhand in dieser Form mit einer so ununterbrochenen, komplizierten Hilfengebung gibt es in keiner anderen Reitweise.

Das ständige, feine Zusammenspiel der Gewichts-, Schenkel- und Zügelhilfen ist in dieser Reitweise so schwierig, daß Kinder unter zehn Jahren körperlich nicht in der Lage sind, dieser Reitweise gemäß effektiv auf das Pferd einzuwirken. Es handelt sich hierbei nicht in erster Linie, wie man meinen könnte, um ein Kraftproblem, sondern um ein Koordinationsproblem. Kinder sind frühestens mit 10 Jahren fähig, ihre einzelnen Körperteile so unabhängig voneinander und doch so fein abgestimmt aufeinander zu gebrauchen, daß ein Zusammenspiel von Hilfen, wie es die klassische kontinentale Reitweise verlangt, überhaupt möglich wird.

Doch liegt das Problem, eine stetige, weiche Anlehnung des Pferdemauls an die Reiterhand herzustellen, nicht nur in der Feinabstimmung der menschlichen Hilfen, sondern auch in der Anatomie des Pferdes begründet. Die dazu nötige Halsmuskulatur muß sich im Laufe der Ausbildung erst entwickeln. Wegen dieser Probleme arbeiten Reiter oft und gerne mit Hilfszügeln wie Ausbinder, Schlaufzügel und gleitendes Ringmartingal, was so lange nicht schlimm ist, wie diese Hilfszügel fachgerecht und gekonnt eingesetzt werden. Dienen sie allerdings dazu, die Unfähigkeit des Reiters zu verschleiern, wie es leider allzuoft der Fall ist, ist ihr Einsatz mehr als fragwürdig.
Eine ausgezeichnete Hilfe stellt das hier angesprochene gleitende Ringmartingal auch für Freizeitreiter dar, die ein Pferd auf Trense reiten, das sich gerne den Hilfen entzieht, indem es Hals und Nase hochnimmt. Bei richtiger Verschnallung bleibt es so lange wirkungslos, bis das Pferd diese unerwünschte Haltung einnimmt; dann hilft es aber mit, das Pferd wieder unter Kontrolle zu bringen bzw. zu halten.
Es ist darauf zu achten, daß der lederne Halsring unbedingt daran gehindert wird (meist durch einen Gummistopper), über die Gabelung zu gleiten, die die Zügelringe zum linken und rechten Zügel führt. Auch sollte der Zügel in jedem Fall mit Martingalstoppern ausgerüstet sein.
Daneben gibt es eine ganze Reihe von Anlehnungsfehlern wie: hinter, über und auf dem Zügel oder auch der falsche Knick, die ich hier jedoch nicht näher erörtern möchte, da sie den Rahmen dieses Buches sprengen würden.

Der vierte Punkt der Ausbildungsskala heißt **Schwung.** Das Kennzeichen hierfür ist ein schwingender Rücken. Wir brauchen den Schwung, um die Schubkraft aus der Hinterhand entwickeln zu können.

Der nun folgende Punkt unserer Skala ist das **Geraderichten.** Das Geraderichten des Pferdes ist eine zentrale Anforderung an jede dressurmäßige Ausbildung, gleichgültig, in welcher Reitweise.
Man sagt, Vorhand und Hinterhand des Pferdes sollen spurgleich gehen. Von Natur aus tritt das Pferd aber mit den Vorderbeinen und den Hinterbeinen leicht versetzt. Einerseits liegt das daran, daß Pferde nicht exakt symmetrisch gebaut sind, andererseits ist diese Tatsache wahrscheinlich zerebral bedingt, vergleichbar mit Rechts- und Linkshändern beim Menschen. Typisch für dieses Phänomen ist auch, daß sich Pferde meist zu einer Seite besser biegen können als zur anderen. In diesem Zusammenhang spricht man auch von der natürlichen Schiefe des Pferdes. Sie muß ausgeschaltet werden, weil das Pferd durch seine natürliche Schiefe die Beine unterschiedlich stark belastet, was zu einem vorzeitigen Verschleiß der stärker belasteten Beine führen kann. Wie sich herausgestellt hat, kann man ein Pferd am leichtesten auf gebogenen Linien, wie z. B. Zirkellinien, geraderichten, so paradox das klingen mag. Man benutzt hierfür auch den Fachbegriff »geraderichtende Biegearbeit«. Auf gebogenen Linien wird das jeweils innere Hinterbein vermehrt gefordert und gefördert, so daß durch die geraderichtende Biegearbeit, wenn sie

beide Seiten des Pferdes berücksichtigt, auch die Hinterhand aktiviert wird. Besonders wichtig ist dabei, das Pferd immer wieder auf der schwierigen Seite zu arbeiten, wenngleich das für Pferd *und* Reiter lästig ist, weil das Reiten dadurch zunächst einmal unbequem wird. Nützlich sind für die geraderichtende Arbeit zusätzlich alle Übungen, die die Schenkelempfindlichkeit des Pferdes steigern, wie Seitengänge oder auch Schenkelweichen.
Wenn man durch die geraderichtende Biegearbeit erreicht, daß sich das Pferd auf beiden Seiten gleich gut biegen läßt und auch den Schenkel des Reiters besser annimmt als vorher, steigert man natürlich auch die Durchlässigkeit bzw. die Rittigkeit des Pferdes ganz enorm.
Zu diesem Komplex des Geraderichtens gehört auch der Begriff »Gymnastizieren des Pferdes«. Gemeint ist damit das hier beschriebene Biegen und Geschmeidigmachen des Pferdes.

Nun kommen wir zum letzten Punkt der Ausbildungsskala, der **Versammlung.** Die Versammlung führt zu einer Erhöhung der Tragkraft. Die Schubkraft der Hinterhand wird in Tragkraft umgewandelt, dadurch werden die Hinterbeine stärker belastet und die Vorderbeine entsprechend entlastet. Als Folge der Versammlung kann somit ein vorzeitiger Verschleiß der Vorhand vermieden werden.
Das Pferd richtet sich in der Versammlung vorne verstärkt auf, wodurch der Reiter das schon früher erwähnte »Bergauf-Gefühl« bekommt. Das Pferd geht dabei in Selbsthaltung, d. h. Hals- und Kopfhaltung sind nicht mehr von der Einwirkung der Reiterhand abhängig. Wenn man also genauso stark treibt wie bisher und mit der Zügelhand den Mähnenkamm entlang nach vorne geht, kommt es zu keiner Veränderung in der Hals- und Kopfhaltung des Pferdes. Diese hilfreiche Kontrolle nennt man »Überstreichen«.
Das konsequente Reiten des Pferdes von hinten nach vorne ist die einzige Möglichkeit, die hier beschriebene echte Versammlung zu erreichen.

Es macht mich immer wütend, wenn ich von Freizeitreitern zu hören bekomme, ihr Pferd brauche keine dressurmäßige Ausbildung. Solange die natürliche Schiefe nicht ausgeschaltet wird und solange das Pferd nicht lernt, das Reitergewicht mit der Hinterhand mitzutragen, hat ein regelmäßig gerittenes Freizeitpferd kaum eine Chance, wesentlich älter zu werden als ein durchschnittliches Turnierpferd. Damit soll allerdings nicht gesagt sein, daß die dressurmäßige Ausbildung nur in dieser Reitweise stattfinden kann.
Grundlage jedes Sitzens in der klassischen kontinentalen Reitweise ist der Dressursitz in vollem Gleichgewicht auf dem Pferd. Er kann nur durch eine gründliche Sitzschulung im Laufe von Monaten, manchmal auch Jahren, erlernt werden. Der Reiter sitzt dabei gerade, aufrecht und in freier Balance mit möglichst langem, gestrecktem Bein auf dem Pferd. Der Körper soll zwar eine gewisse Spannung haben, aber er darf keinesfalls verkrampft sein. Die Körperhaltung wird bestimmt durch zwei gerade Linien, die unbedingt eingehalten werden müssen. Die erste Linie heißt »Schulter – Hüfte – Absatz«, wobei der Absatz der tiefste Punkt des Reiters sein

Dressursitz, die zwei Linien heißen Schulter–Hüfte–Absatz und Unterarm–Hand–Zügel–Pferdemaul. Auch im Westernsattel kann man die klassische kontinentale Reitweise betreiben.

sollte, in den der Schwung abgefedert wird. Die zweite Linie geht vom Unterarm über die zur Faust geschlossene Hand und den Zügel bis zum Pferdemaul. Die Zügelhilfen finden so den direktesten und kürzesten Weg zum Pferdemaul. In der Einhaltung dieses korrekten Sitzes sieht man in der klassischen kontinentalen Reitweise die Voraussetzung für eine korrekte Hilfengebung.

Neben dem hier beschriebenen Dressursitz gibt es noch zwei Varianten, den Entlastungssitz und den leichten Sitz. Der Entlastungssitz dient zum Anreiten junger Pferde, zum Reiten im Gelände und zum Reiten über kleinere Hindernisse. Die Bügel sind dabei etwa zwei Loch kürzer geschnallt, das Gewicht wird vermehrt in den Steigbügel genommen und der Oberkörper wird mehr nach vorne, in die Bewegung des Pferdes, genommen. Der leichte Sitz wird auch als Springsitz bezeichnet. Die Bügel werden noch einmal zwei Loch kürzer geschnallt, der Oberkörper geht vermehrt nach vorne, die Gesäßknochen des Reiters haben keine Einwirkung mehr auf den Pferderücken. Wie der Name schon sagt, findet dieser Sitz in erster Linie beim Springreiten Anwendung.

Die vorwärtstreibenden Hilfen sollen in jeder Situation überwiegen. Das Pferd wird in dieser Reitweise quasi eingerahmt zwischen den treibenden Schenkel- und Gewichtshilfen und den verhaltenden Zügelhilfen. Hier kommen wir nun an dem Begriff »Parade« nicht mehr vorbei. Unter einer Parade versteht man ein Vortreiben mit Gewicht und Schenkeln bei annehmenden Zügelhilfen. Man unterscheidet zwischen Halben und Ganzen Paraden. Halbe Paraden gibt man zur Verbesserung des

Taktes, bei Übergängen innerhalb einer Gangart und beim Gangartenwechsel, um das Pferd aufmerksam zu machen, beim Einleiten einer neuen Aufgabe bzw. Anforderung an das Pferd, zum Zurücknehmen des Tempos etc. – also letztlich immer.

Die Ganze Parade führt zum Halten. Sie ist eine annehmende Zügelhilfe mit beiden Händen bei gleichzeitigem Vortreiben mit Schenkeln und Gewicht.

Noch einmal, damit das ganz klar ist: Auch beim Anhalten wird in dieser Reitweise getrieben! Allein schon anhand der ständigen Paraden wird deutlich, daß der Reiter seine Aufmerksamkeit ununterbrochen auf das Pferd richten muß.

Bei dieser Reitweise ist nahezu alles bis ins kleinste Detail reglementiert. Die »Richtlinien für Reiten und Fahren« umfassen etwa 1 000 (!) Seiten, die Leistungsprüfungsordnung (LPO) mit dem dazugehörigen Aufgabenheft bringt es noch einmal auf gut 500 Seiten. Das hat seine guten Gründe. Die klassische kontinentale Reitweise ist zumindest hier in Deutschland sehr stark von der militärischen Tradition geprägt. In der Kavallerie entstanden Regeln und Traditionen, die heute noch strikt befolgt werden, obwohl sie teilweise keinen Sinn mehr haben. Ein gutes Beispiel dafür ist das Aufsitzen von links. Die Begründung ist einfach: Die meisten Menschen sind Rechtshänder, sie führten also auch ihren Degen oder ihr Schwert mit der rechten Hand. Um ihre Waffe schnell ziehen zu können, trugen die Kämpfer ihre Waffenscheide links. Ein so langes, unhandliches Ding aber beim Aufsitzen ständig über den Pferderücken hieven zu müssen, wie es beim Aufsitzen von der rechten Seite der Fall gewesen wäre, wäre nicht nur unpraktisch, sondern im Fall einer schnellen Flucht schlicht lebensbedrohlich gewesen; also entstand wie selbstverständlich die Regel, von links aufzusitzen.

In der ursprünglich unkriegerisch ausgerichteten Reiterei wird oft von rechts aufgesessen. So ist das Aufsitzen von rechts in Island durchaus üblich. Und mit einer Mistgabel oder einer Angelrute in der rechten Hand sitzt es sich von rechts auch leichter auf als von links.

Die militärische Tradition wird auch in dem oft feldwebelhaften Benehmen vieler Reitlehrer deutlich. Befehle gibt es reichlich, Erklärungen kaum. Die Ursache liegt allerdings meist weniger darin, daß sich der Reitlehrer zum Vorgesetzten aufspielen will. Wenn der Reitlehrer ein Problem sieht, muß der Reitschüler im gleichen Moment die Korrektur bekommen und sie sofort umsetzen. Versucht er erst das Problem auszudiskutieren, ist die Situation ungenutzt vorbeigegangen. Man kann dem Pferd nicht fünf Minuten später sagen: »Ich hätte dir vorhin eine Parade geben müssen« oder etwas in der Art. Ein anderes Problem für den Reitlehrer ist die Zahl der Schüler in einer Gruppe: Hat er gleichzeitig 6 Schüler, also 12 Lebewesen zu betreuen, können die Korrekturen nur noch knapp ausfallen, will er allen gerecht werden. Wahrscheinlich haben diese zwei Gesichtspunkte zu einem weitgehenden Beibehalten der Kommandosprache geführt.

Die klassische kontinentale Reitweise ist sicherlich nicht immer die ideale Reitweise für den Freizeitreiter. Es gibt jedoch wirklich stichhaltige Argumente dafür, sich erst einmal dieser Reitweise zuzuwenden. Zunächst schadet es keinem Reiter zu lernen, sich auf sein Pferd zu setzen und Gewichts-, Schenkel- und Zügelhilfen gezielt einzusetzen. In dieser Reitweise kann man zudem in fast jedem Ort Reitunterricht erhalten. Wichtig ist außerdem, daß bei uns mindestens 90% aller Pferde in dieser Reitweise ausgebildet sind. Beherrscht man also wenigstens die Grundbegriffe dieser Reitweise, hat man eine wesentlich größere Auswahl bei der Suche nach dem geeigneten Pferd. Denn auch ein Pferd, das zunächst in der hier beschriebenen Reitweise ausgebildet wurde, kann beispielsweise auf das Westernreiten oder die leichte Reitweise umgestellt werden.

Das Westernreiten

Die klassische kontinentale Reitweise und das Westernreiten haben einen gemeinsamen Ursprung, da die spanischen Eroberer zusammen mit ihren Pferden auch die zu ihrer Zeit in Europa vorhandene Reitkultur mit nach Amerika brachten. Ähnlichkeiten zwischen den beiden Reitweisen sind von daher zu erwarten und auch vorhanden. So nimmt beispielsweise die Arbeit auf dem Zirkel beim Westernreiten eine ebenso überragende Stellung in der dressurmäßigen Ausbildung ein, dem Ausschalten der natürlichen Schiefe und der Aktivierung der Hinterhand wird die gleiche ständige Aufmerksamkeit gewidmet, die Stangenzäumung steht auch am Ende der Ausbildung, und die Schenkel- und Gewichtshilfen sollen hier genauso überwiegen wie in der klassischen kontinentalen Reitweise, ja vielleicht sind sie sogar noch wichtiger.

Das Westernreiten ist entstanden aufgrund der ständigen Arbeit mit den riesigen Rinderherden. Die Hirten (Cowboys/Vaqueros) mußten sich in ihrer Arbeit voll auf die Rinder konzentrieren können und sie waren mit ihren Herden oft tagelang unterwegs. Die Reitweise paßte sich diesen Gegebenheiten an. Es entstand eine Gebrauchsreitweise, die der heutigen Freizeitreiterei eher entgegenkommt als die klassische kontinentale Reitweise, weil sie ein entspannteres Reiten erlaubt. Sie ist geprägt durch eine möglichst lose Zügelführung, durch impuls- oder signalartige Hilfen, die nur eingesetzt werden, wenn vom Pferd eine Änderung seines Verhaltens verlangt wird, und einen dadurch bedingten, insgesamt entspannteren, passiveren Sitz. Das ständige Treiben mit dem Schenkel und das ständige An-den-Zügel-Stellen des Pferdes entfällt, zudem wird meist in abgekürzten Gangarten geritten, im Jog, einem stark abgekürzten Trab, und im Lope, dem abgekürzten Galopp.

Wer jetzt allerdings glaubt, das Westernreiten sei einfacher als die hiesige Reitweise, der irrt. Wer etwas bei seinem Pferd durchsetzen will, der muß seine Gewichts-, Schenkel- und Zügelhilfen konsequent und gezielt einsetzen können, außerdem hat das Westernreiten

Welsh-Cob-Stute im Jog.

neben der gemütlichen und bequemen auch noch eine ausgesprochen rasante Seite: Bei der Rinderarbeit waren oft blitzschnelle Starts, Stops aus vollem Galopp und plötzliche Wendungen um 180° auf der Hinterhand aus vollem Lauf nötig, um ein Rind unter Kontrolle zu halten. Die Arbeit am und mit dem Rind machte es auch nötig, ein Pferd mit einer Hand reiten zu können. Das voll ausgebildete Pferd reagiert auf Neck Reining, was wörtlich übersetzt etwa »über den Hals zügeln« bedeutet. Über das Neck Reining und das für das Westernreiten übliche Sattel- und Zaumzeug ist im Abschnitt »Die Ausrüstung des Freizeitreiters« bereits ausführlich gesprochen worden.

In der Westernreiterei gibt es keine traditionell so festgelegte Reitlehre wie in der hiesigen Reitweise, so daß man, wenn man sich auskennt, den Reitern manchmal ansehen kann, bei wem sie gelernt haben.

Ein Problem, das schon mehrere intensive Diskussionen zwischen meinen westernreitenden Bekannten und mir ausgelöst hat, ist das Problem der Hilfengebung. Schenkel- und Gewichtshilfen werden von einigen Westernreitern ähnlich benutzt wie in der hiesigen Reitweise; viele Trainer lehren die Hilfengebung aber auch gerade entgegengesetzt zu jener in der hiesigen, traditionellen Reitweise. In der klassischen kontinentalen Reitweise geht man davon aus, daß sich das Pferd unter das Gewicht des Reiters bewegt und so sein Gleichgewicht erhält bzw. wieder herstellt; entsprechend ist beispielsweise auch die Hilfengebung auf dem Zirkel: Das Gewicht wird nach innen verlagert, der innere Schenkel treibt, der innere Zügel gibt dem Pferd die leichte Innenstellung auf dem Zirkel, der äußere Schenkel und der äußere Zügel wirken verwahrend (begrenzend), d. h. sie sorgen dafür, daß die Hinterhand der Vorhand genau auf der Kreislinie folgt und das Pferd weder mit der Hinterhand nach außen ausfallen kann noch mit Hals und Kopf zu weit ins Innere des Zirkels kommt. Besondere Bedeutung kommt dabei dem inneren Schenkel und dem äußeren Zügel zu, sie führen das Pferd auf der Zirkellinie.

Wie gesagt, viele Westernreiter machen es anders. Sie setzen sich nach außen und treiben mit dem äußeren Schenkel. Die Idee, die dahinter steckt, ist folgende: Ein Reiter, der sein Gewicht nach innen verlagert, verlangt von seinem Pferd, daß es ihm folgt, um das gemeinsame Gleichgewicht wieder herzustellen. Er ist gewissermaßen vor der Bewegung des Pferdes. Andererseits treibt ein Reiter, der sein Gewicht nach außen verlagert, sein Pferd praktisch vor sich her. Er treibt das Pferd über die äußere Schulter in die Wendung hinein; entsprechend befindet er sich allerdings immer leicht hinter der Bewegung, was aber diesen Westernreitern zufolge das Pferd nicht stört. Nachdem mir diese andere Auffassung von der Hilfengebung vertraut war, habe ich verstärkt darauf geachtet, wie Dressurreiter in der klassischen kontinentalen Reitweise einzelne Dressurlektionen reiten. Dabei fiel mir auf, daß speziell in der Hinterhandwendung viele Reiter entgegen der Reitlehre nicht konsequent das Gewicht nach innen verlagerten, sondern daß bei vielen dieser Reiter das Gewicht nach außen kam und das um so mehr, je mehr sie sich auf das Pferd konzentrierten und nicht auf ihren Sitz.

Die Unterschiede in den Galopphilfen sind ähnlich gravierend. In der hiesigen Reitweise lauten die Galopphilfen: Gewicht nach innen verlagern, indem der innere Gesäßknochen stärker belastet wird, der innere Schenkel treibt am Gurt, der äußere Schenkel geht verwahrend zurück, das Pferd wird nach innen gestellt, die innere Hand geht vor und läßt den Galoppsprung innen heraus. Bei vielen Westerntrainern lauten die Hilfen dagegen: Das Gewicht wird nach außen verlagert, der äußere Schenkel treibt, das Pferd wird nach außen gestellt. Durch diese Hilfengebung wird die innere Schulter des Pferdes frei und das Pferd kann dem Druck außen durch Vorspringen innen ausweichen. Die äußere Hand muß dabei natürlich vorgehen.

In der Westernreitlehre gibt es keine Vorschriften bezüglich des korrekten Sitzes. Beurteilt wird einzig und allein die Leistung des Pferdes. Ist sie gut, setzt man voraus, daß der Sitz des Reiters in Ordnung ist.

Obwohl das Westernreiten als reine Gebrauchsreitweise entstanden ist, gibt es heute ein lebhaftes Turniergeschehen. Die Prüfungen und Wettbewerbe sind aus der Rinderarbeit entstanden. Hier sollen kurz die beliebtesten Prüfungen genannt und mit einigen Stichworten erläutert werden:

Trail: Die Trailprüfung ist eine Prüfung der Geländesicherheit.

Die Reiter der Westernpferde mußten sich früher auf jeden Fall, auch und vor allem in unbekannten und schwierigen Situationen, auf ihre Pferde verlassen können. Bis heute legt man größten Wert auf ein absolut zuverlässiges

Gelassenes Stehen am durchhängenden Zügel ist eine der wichtigsten Übungen der Westernreitweise und eine unverzichtbare Voraussetzung für ein gutes Freizeitpferd.

Pferd. Aus diesem Grunde wird die Ausbildung so angelegt, daß sich das Pferd immer wieder mit unbekannten und bedrohlich wirkenden Situationen auseinandersetzen muß. In der Regel sind deshalb Westernpferde bei weitem gelassener als in der hiesigen Reitweise ausgebildete Pferde. In der Trailprüfung können sie ihre Sicherheit und ihren Gehorsam unter Beweis stellen. Zu den Aufgaben gehört z. B. Stangentreten, Gehen über eine Wippe, Gehen über eine Brücke, das Öffnen und Schließen eines Tores vom Pferderücken aus, Rückwärtsrichten auch durch Ecken etc. Viele dieser Aufgaben sind inzwischen in Geschicklichkeitsprüfungen bei Freizeitreiterspielen beliebt.

Pleasure: Pleasure heißt Vergnügen. In dieser Prüfung sollen sich die Pferde im Schritt, Trab und Galopp leichtrittig und in guter Manier und Haltung unter dem Reiter präsentieren.

Reining: Hierbei handelt es sich um die Dressurprüfung dieser Reitweise. Kontrolliert wird, inwieweit das Pferd an den Hilfen steht. Diese Prüfung setzt sich aus verschiedenen Aufgabenteilen zusammen, zu denen Galoppzirkel, fliegende Wechsel, Rückwärtsrichten, Roll Backs (Wendungen um 180° auf der Hinterhand), Stops aus vollem Galopp und Spins (rasante Wendungen um 360° auf dem inneren Hinterfuß mit laufender Vorhand) gehören.
Diese Westerndressur ist höheren Dressurklassen in der hiesigen Dressurreiterei durchaus gleichzusetzen.

Working Cowhorse: Hier kommt neben einem Reining-Teil ein Cow-Work-Anteil hinzu, also ein Angabenteil, in dem

Pferd und Reiter an einem einzelnen Rind unter Beweis stellen müssen, daß sie die Rinderarbeit beherrschen.

Cutting: Beim Cutting muß ein Rind aus der Herde ausgesondert werden. Hierbei wird größter Wert auf ein selbständiges Arbeiten des Pferdes gelegt.

Barrel Racing: Ein Tonnenrennen um 3 Tonnen.

Pole Bending: Ein Slalomrennen um 6 Stangen.

Es gibt noch einige Prüfungsaufgaben mehr, aber ich denke, die hier dargestellten ergeben bereits einen recht guten Überblick über die Art der verschiedenen Prüfungen.
Wenn man bedenkt, welch ein Wust von Bestimmungen die hiesige Turnierszene regelt und ohne die es nicht zu gehen scheint, ist es eigentlich erstaunlich, daß die Westernreiter mit einem dünnen Heftchen von nur gut 50 Seiten Umfang auskommen können. Diese »LPO der Westernreiter« enthält alle Bestimmungen für Westernturniere und heißt schlicht »Regelbuch«, was angesichts der vielen amerikanischen Ausdrücke, die man in dieser Reitweise vorfindet, wirklich verblüffend ist.

Das Signalreiten

Das Signalreiten wurde von Walter Feldmann jun. entwickelt. Angelehnt ist es an die Westernreitweise. Genauso wie in der Westernreitweise soll das Pferd beim Signalreiten nicht ständig mit Hilfen beeinflußt werden, sondern es soll durch kurze, eindeutige und klare Signale Aufgaben wie Gangartenwechsel, Richtungsänderungen oder Anhalten erfüllen. Reagiert das Pferd auf ein bestimmtes Signal, verhält sich der Reiter anschließend bis zur nächsten Aufgabenstellung an das Pferd passiv. Treibende und verhaltende Hilfen dürfen im Gegensatz zur klassischen kontinentalen Reitweise niemals gleichzeitig eingesetzt werden. Es wird mit loser Zügelführung vorwiegend im Entlastungssitz geritten, dadurch ist diese Reitweise für Pferd und Reiter relativ einfach. Das Pferd kann sich frei ausbalancieren, während der Reiter versucht, den freien Bewegungsablauf des Pferdes möglichst wenig zu stören.
Angestrebt wird, ebenso wie in der Westernreitweise, die einhändige Zügelführung. Um das zu erreichen, wird mit einem direkten und einem indirekten Zügel gearbeitet. Vor einer Wendung werden die Zügel so nachgefaßt, daß der innere (direkte) Zügel kürzer ist als der äußere (indirekte) Zügel. Beim Reiten der Wendung wird nun die innere Hand seitlich in die Wendung hineingeführt (etwa so wie beim Reiten mit dem Sidepull). Als Folge dieser Bewegung hat der innere Zügel eine direkte Wirkung auf das Pferdemaul (deshalb direkter Zügel), während der äußere, indirekte Zügel zwar durchhängt, aber

weil er am Hals anliegt, den inneren Zügel unterstützt. Im Laufe der Zeit lernt das Pferd so das Neck Reining, wodurch schließlich das Nachfassen des inneren Zügels überflüssig wird.
Diese Reitweise eignet sich zum Anreiten eines jungen Pferdes und als Vorbereitung auf eine weiterführende Ausbildung des Pferdes. Auch ist sie geeignet, einem Schüler ein erstes Gefühl für die Bewegungen des Pferdes zu vermitteln, ohne dabei das Pferd mit seinem Reiter zu sehr zu belasten. Weitere Einsatzmöglichkeiten bestehen in den Bereichen Gelände-, Wander- und Distanzreiten oder auch bei Reiterspielen.

Die leichte Reitweise

Die leichte Reitweise ist ebenso wie das Signalreiten an eine bestimmte Person gebunden. Es ist nun wohl fast fünfzehn Jahre her, daß die Hippologin Ursula Bruns sich zusammen mit der Pädagogin Prof. Inge Beer Gedanken darüber machte, wie man das Reitenlernen für Reiter und Pferd angenehmer gestalten könnte. Außer dem Konzept für einen außergewöhnlichen Reitkurs nach der BB-Methode (Bruns/Beer) entstand daraus auch eine spezielle Sitzschulung, die ein besonders leichtes, unverkrampftes, entspannendes Reiten möglich macht.
Gebunden ist diese Reitweise an den »Vorwärtssitz«, bei dem der Oberkörper nach vorne in die Bewegung hineingenommen wird. Es handelt sich dabei um einen Entlastungssitz mit mittellangen Bügeln, die kürzer als Dressurbügel, aber länger als Springbügel sein sollten. Der Reiter lernt den Fuß fest in den Steigbügel zu drücken und findet so sicheren Halt. Der Absatz ist auch hier der tiefste Punkt des Reiters. Der Schwung der Bewegung soll über das Fußgelenk nach unten abgefedert werden. Die Hüften und damit auch das Gesäß werden deutlich zurückgenommen, was dafür sorgt, daß die Vorhand nicht über Gebühr belastet wird. Das Reitergewicht wird mit den Innenseiten der Oberschenkel abgestützt. Das Fundament dieses Sitzes wird von Knie, Unterschenkel und Fuß gebildet.
Ein wichtiges Hilfsmittel in dieser Reitweise ist die lange Dressurgerte. Mit ihr wird die Hinterhand des Pferdes leicht touchiert und so unter das Reitergewicht geholt. Die Schenkel des Reiters können auf diese Weise ruhig liegen bleiben. Der Reiter lernt also erst gar nicht, mit einem so unruhigen Schenkel zu reiten, wie man ihn leider viel zu oft zu sehen bekommt, wenn er als Anfänger mit dieser Reitweise aufs Pferd gesetzt wird.
Der Vorwärtssitz wird, bevor er auf willigen, gut ausgebildeten Schulpferden geübt wird, zunächst in aller Ruhe am Holzpferd ausprobiert. Geritten wird danach zunächst auf einer Ovalbahn, die dem Pferd seinen Weg vorschreibt, so daß sich der Reiter ganz auf seinen Sitz konzentrieren kann. Neben der Sitzschulung bekommen die Schüler in der leichten Reitweise eine Einführung

Der leichte Sitz als Springsitz, nicht als »Vorwärtssitz«, im Gelände in der Vielseitigkeitsprüfung.

in den fachgerechten Umgang mit dem Pferd.

Schüler, die in der leichten Reitweise ausgebildet werden, bekommen einen sehr individuellen Unterricht. Jeder Schüler, der gerade reitet, erhält gewissermaßen Einzelunterricht, da er allein in der Bahn ist, während die anderen durch das Zuschauen lernen. Anfänger bekommen so oft schon nach wenigen Tagen eine erstaunliche Sicherheit im Sattel, die sich durch eine unverkrampfte Körperhaltung, ruhige Schenkel und ruhige Hände offenbart. Ein Problem entsteht nur dann, wenn sich die Anfänger nicht klar darüber sind, daß ihre Fähigkeit, auf das Pferd einzuwirken, in keiner Weise mit ihrem sicheren Gefühl übereinstimmt. Die Gefahr, sich selbst zu überschätzen, ist dann sehr groß. Enttäuschungen und eventuelle Verletzungen können dann später beim Reiten auf weniger gut ausgebildeten Pferden die Folge sein. Den Ausbildern in dieser Reitweise ist jedoch kein Vorwurf zu machen, denn sie sagen ganz klar: »Unsere Stärke ist der Anfang«. Einführungen in diese Reitweise werden nur in einigen ausgewählten Ausbildungsstätten mit speziell ausgebildeten Lehrern angeboten.

Diese Reitweise eignet sich außer zur ersten Einführung in das Reiten auch zum Anreiten junger Pferde, die in weitgehend freier Selbsthaltung ihr Gleichgewicht unter dem Reiter finden können, und zur Korrektur von Pferden, die erst wieder lernen müssen, unverkrampft und gelassen unter dem Reiter zu gehen. Geht ein Pferd mit aktiver Hinterhand gut ausbalanciert unter dem Reiter, bietet sich diese Reitweise auch zum Gelände-, Wander- und Distanzreiten an.

Leichte Reitweise und Vorwärtssitz – perfekt demonstriert.

Gleichgültig, für welche Reitweise man sich entscheidet: Reiten hat nicht nur etwas mit der eigenen Kehrseite zu tun, sondern auch ganz viel mit dem Denken, dem Nachdenken, dem Mitdenken und mit dem Vorausdenken. Wer sich das zu Herzen nimmt und sich danach richtet, kann sein Pferd letztlich in jeder Reitweise für beide Teile zufriedenstellend reiten.

Die Arbeit an der Hand

Aufgaben der Arbeit mit dem Pferd vom Boden aus

Die Idee, mit dem Pferd an der Hand zu arbeiten, ist nicht neu. An der Spanischen Reitschule in Wien werden die Hengste von jeher auch an der Hand ausgebildet. Dort wird diese Form der Ausbildung allerdings erst nach dem Longieren und der Grundausbildung unter dem Sattel zur Vorbereitung auf die Lektionen der schweren Klasse, wie Piaffe und Passage, eingesetzt.
In diesem Sinne wird der durchschnittliche Freizeitreiter die Arbeit an der Hand natürlich nicht anwenden wollen. Mir geht es mehr um eine Beschäftigung mit dem Pferd, wie sie durch die Amerikaner Linda Tellington-Jones und Anthony Amaral auch hier in Deutschland, zumindest in Freizeitreiterkreisen, populär wurde.
Hierzulande gibt es die Redewendung, jemand habe ein Pferd »gut an der Hand«. Gemeint ist damit, daß der entsprechende Mensch sein gehorsames, williges Pferd in jeder Situation unter Kontrolle hat. Leider kann man es sehr häufig anders beobachten. Es gibt viel zu viele Pferde mit schlechten Manieren. Wenn man einmal ein bißchen darauf achtet, sieht man Junghengste, die ihre Führer hinterherschleifen, oder Pferde, die so zappeling sind, daß man ständig auf seine eigenen Füße achtgeben muß. Andere lassen sich gelangweilt hinterherziehen, und wieder andere versuchen, sich bei jedem Geräusch ins nächste Mauseloch zu verkriechen.
Arbeitet man mit dem Pferd an der Hand, so hat man damit eine Möglichkeit, Vertrauen aufzubauen, aber auch Respekt zu erwerben und auf dieser Grundlage derartige Unsitten abzustellen. In diesem Sinne ist jede Übung erlaubt und sinnvoll, die hilft, dem Ziel näherzukommen, ein Pferd zu einem gehorsamen, willigen Partner des Reiters zu erziehen.
Die Beschäftigung mit dem Pferd vom Boden aus gibt einem aber nicht nur die Möglichkeit, dem Tier etwas zu vermitteln; vielmehr bietet sich auch die Gelegenheit, sich selbst mit einem neuen oder schwierigen Pferd vertraut zu machen, Ängste zu überwinden oder ir-

gendwelche Differenzen wieder ins Lot zu bringen, wenn man es als Reiter nicht schafft, sich dem Pferd gegenüber zu behaupten. Vielen fällt es viel leichter, vom Boden aus konsequent zu bleiben, als sich vom Pferderücken aus in jeder Situation durchzusetzen. Mit der Arbeit an der Hand hat der Reiter letztlich eine Möglichkeit, jenes gegenseitige Vertrauen aufzubauen, das die Grundlage jeder weiterführenden Ausbildungsarbeit darstellt.

Die Ausrüstung

Zur Ausrüstung für die Bodenarbeit gehören unbedingt bequeme, feste Schuhe oder Stiefel, eine legere Kleidung, die auf keinen Fall einengen darf, und Handschuhe. Die Handschuhe sind absolut unverzichtbar; wem einmal ein Halfterstrick oder eine Longe durch die Hand gezogen wurde, der weiß, was ich meine.

Die wichtigsten Hilfsmittel sind Gerte und Stimme. Man kann die Gerte ein wenig als Verlängerung des Menschenarms ansehen: Das Pferd soll davor Respekt, aber keine Angst haben, so wie es auch vor dem Menschen Respekt, aber keine Angst haben sollte. Es sollte sich überall mit der Gerte berühren lassen, so wie es sich auch überall anfassen lassen sollte.

Die Stimme sollte genauso überlegt und wohldosiert eingesetzt werden wie die Gerte. Langgezogene Kommandos, mit tiefer Stimme gegeben, wirken beruhigend. Kurze Kommandos, mit heller, höherer Stimme gegeben, wirken auffordernd, aufmunternd. Weil Pferde sehr geräuschempfindlich sind, sollte die Stimme niemals laut sein; allenfalls ein Befehl darf laut und scharf erteilt werden, aber nur, wenn er strafenden Inhalts ist, z. B. »Laß das!«. Danach muß sofort wieder Ruhe einkehren. In die Ausbildung eines Pferdes gehört kein lautes Wort und keine hektische Bewegung, die nicht unbedingt notwendig wäre.

Ein weiteres wichtiges Hilfsmittel ist die Führkette. Man führt sie entweder durch die untere Öse des Halfters, über die Nase, einmal um den Nasenriemen des Halfters und hakt sie in die untere Öse auf der vom Ausbilder abgewandten Seite ein, oder man führt die Kette außen am Backenstück des Halfters

Die richtig verpaßte Führkette.

weiter nach oben und hakt sie in der oberen Öse ein. Die Kette bleibt, solange das Pferd dem Ausbilder folgt, locker. Gehorcht das Pferd nicht, zupft man einmal und läßt danach wieder locker. Reagiert das Pferd nicht sofort in gewünschter Weise, kann man das Zupfen wiederholen. Es darf kein ständiger Druck auf die Nase kommen, da dadurch die Gegenwehr des Pferdes mobilisiert würde. Jedes Pferd ist stärker als der Mensch, und es ist unbedingt zu vermeiden, daß das Pferd das merkt. Hat ein Pferd erst einmal gelernt, daß es dem Menschen an Stärke überlegen ist, wird es für den Ausbilder sehr schwierig.

Die Kette soll helfen, das Pferd kurz und nachdrücklich an seine Pflicht zu erinnern, anschließend gibt man sofort wieder nach. Das rechtzeitige Nachgeben entscheidet auch hier wieder, genau wie beim Reiten, über Erfolg oder Mißerfolg.

Einige Übungsbeispiele zur Arbeit an der Hand

Man sollte sich angewöhnen, nur mit einem ausgeglichenen Pferd zu arbeiten. Von einem Pferd, das 23 Stunden lang oder noch länger in der Box eingesperrt war und das demzufolge einen aufgestauten Bewegungstrieb hat, ein Stillstehen oder völlig gelassenes Nebenhergehen zu verlangen, ist schlicht unklug. Bei derartigen Voraussetzungen ist der Mißerfolg vorprogrammiert. Solchen Pferden sollte man zunächst die Möglichkeit geben, sich in einem Auslauf oder auf der Weide auszutoben, bevor man mit ihnen arbeitet. Auch hier wird wieder der Vorteil der Auslaufhaltung mit Offenstall deutlich. In einer solchen Anlage gehaltene Pferde sind meist so ruhig und zufrieden, daß man sofort Gehorsam verlangen kann.

Wenn das Pferd soweit ausgeglichen ist, daß man sich mit ihm beschäftigen kann, wird es zunächst geputzt. Beim Putzen werden bereits die ersten Anforderungen an den Gehorsam des Pferdes gestellt. Es soll stillstehen, sich überall anfassen lassen und auf Kommando herumtreten und Platz machen. Das für Pferde typische Herdenverhalten verlangt ein Ausweichen vor ranghöheren Herdenmitgliedern; aus diesem Grund hat das Pferd auf Anordnung auch dem Menschen jederzeit auszuweichen. Dabei muß der Pferdehalter konsequent auf seiner ranghöheren Position bestehen, notfalls auch mit einem herzhaften Gertenhieb. Es fällt wirklich auf, daß die Reiter, die ihr Pferd beim Putzen nur mit immensem körperlichen Kraftaufwand herumdrücken können oder sich ziemlich unglücklich zwischen Wand und Pferd einquetschen lassen, später auch im Sattel die größten Schwierigkeiten bekommen.

Einem Pferd, das genügend Gelegenheit bekommt, seinen Bewegungsdrang zu befriedigen und das im ständigen Kontakt zum Menschen steht, sollte es nicht schwerfallen, stehenzubleiben und sich putzen zu lassen. Im Anfang kann notfalls auch eine kleine Extraportion Futter angeboten werden, um dem Pferd das Stillstehen angenehmer zu machen; zusätzlich kann das Pferd so hingestellt werden, daß es mit einer Seite am Zaun oder an der Wand steht. Man darf sich durch eventuelles Getue nur nicht beeindrucken lassen und muß die Prozedur wiederholen, bis sie zur Selbstverständlichkeit geworden ist. In einem Fall, in dem eine dreijährige Stute weder Angst hatte noch einen aufgestauten Bewegungstrieb verspüren konnte, sondern lediglich ungezogen war, habe ich einmal die ranghöchste Altstute daneben angebunden und das Pferd dann an die Wand getrieben. Die Situation für die ungezogene Schülerin sah danach folgendermaßen aus: Vor der Jungstute die massiv drohende Altstute, an der einen Seite die Wand, an der anderen meine Wenigkeit mit der Gerte in der Hand und dem verbissenen Willen, nicht zur Seite zu springen, und hinter ihr die Gerte. Die Kleine ärgerte sich fürchterlich, wie die zurückgelegten Ohren zeigten, aber sie ließ sich putzen.

Man sollte darauf achten, auch in solchen Situationen nicht hektisch zu werden. Grundsätzlich kann man sicherlich feststellen, daß die Anwesenheit eines Artgenossen auf viele Pferde eine beruhigende Wirkung hat, auch wenn das in dem gerade beschriebenen Beispiel nicht der Hauptgrund war, die Altstute zu holen.

Nachdem man ein Pferd gut putzen kann, kann man damit beginnen, ein systematisches Führtraining durchzuführen. Dabei geht man an der Schulter des Pferdes links neben dem Tier. Die Gerte, eine lange Dressurgerte, bleibt in der linken Hand. Das Pferd soll nun lernen, auf Kommandos wie »Komm« oder »Steh« oder auch »Terab« zu reagieren. Die Gerte kann das Pferd beim Antreten zusammen mit dem Kommando auffordern. Beim »Steh« hält man die Gerte wie eine Schranke quer vor das Pferd, um seinem Kommando Nachdruck zu verleihen. Man sollte darauf achten, daß das Pferd auf die Kommandos reagiert und nicht etwa auf das Verhalten des Menschen. Das ist deshalb besser, weil es die Kommandos auch dann befolgen wird, wenn der Ausbilder im Sattel sitzt.

Eigentlich müßte es selbstverständlich sein, immer die gleichen Kommandos zu geben und nicht einmal »Steh« und das nächstemal »Halt« zu sagen oder aber »Komm« und das nächstemal »Marsch«. Solch ein Durcheinander in der Kommandogebung hört man leider immer wieder. Den Pferden wird der Gehorsam dadurch nur schwer gemacht.

Im Anfang übt man nur das Antreten, Schrittgehen und wieder Anhalten. Erst wenn diese Übung einwandfrei klappt und das Pferd auch beim Stehenbleiben nicht zur Seite wegdrängelt, kommt der Trab dazu, entsprechend dem allgemeinen Grundsatz »vom Leichteren zum Schwereren«. Viele Pferde neigen dazu, anfangs beim Halt seitlich wegzudrängeln; in diesem Fall kann ein Zaun oder eine Wand helfen.

Diese erste Grundausbildung ist vergleichbar mit der Leinenführigkeit bei Hunden. Gehorsam und Unterordnung werden so eingeübt.

In einem nächsten Schritt kann man die Pferde mit ihrem eigenen Körper etwas vertrauter machen und sie dazu bringen, ihre Füße bewußter zu setzen. Hier bieten sich z. B. Stangentreten, Vorhandwendung, Schenkelweichen, aber auch das Rückwärtsrichten an. Die drei letztgenannten Übungen sollten am Anfang immer in geringer Entfernung vom Zaun geübt werden, weil es so für das Pferd und damit auch für den Ausbilder leichter ist. Bei der Vorhandwendung sollte man auf das gleichmäßige Kreuzen der Hinterbeine achten.

Das Schenkelweichen ist eine *Vorwärts*-seitwärts-Bewegung, bei der die Vorder- und Hinterbeine bei jedem zweiten Schritt kreuzen sollen. Man sieht dabei immer wieder Pferde, die so gerade vor den Zaun oder die Wand gestellt werden, daß sie diese hochklettern müßten, wenn sie sich noch vorwärts bewegen sollten. Die Vorwärtstendenz sollte immer überwiegen, denn schließlich wollen wir doch Pferde, die frei vorwärts gehen. Wenn man das Pferd dazu bringt, weiter vorwärts zu gehen, auch wenn man es leicht zur Seite stellt, kommt das Kreuzen der Beine fast von selbst.

Das Rückwärtsrichten dient nicht nur dazu, dem Pferd ein verstärktes Gefühl für die eigenen Beine zu geben, sondern auch der Schulung der Unterordnung und des Gehorsams nach Widersetzlichkeiten sowie als Vertrauensbeweis, weil das Pferd nicht sehen kann, was direkt hinter ihm ist. Um dem Pferd das Kommando »zurück« verständlich zu machen, kann man zur besseren Einsicht des Pferdes zunächst mit einem Engpaß arbeiten, der sich aus Strohballen oder mit Hilfe von Holzbohlen am Weidezaun schnell herstellen läßt. Steht das Pferd in dieser »Gasse«, tippt man es nach dem Kommando »Zurück« mit der Gerte leicht am Fesselgelenk an, wenn es das Kommando noch nicht kennt.

Bei der Arbeit vom Boden aus können auch durchaus Alltagssituationen geübt werden, wie das Verladen eines Pferdes oder das Baden eines Hufes im Wassereimer. Gerade die letztgenannte Übung kann bei einer späteren Hufverletzung oder bei einer Verletzung der Fesselbeuge viel Ärger und unnötigen Streß vermeiden.

Neben den bisher besprochenen Übungen kann man mit dem Pferd an der Hand auch eine ganze Reihe von Übungen durchführen, die helfen, ein Pferd soweit wie möglich scheufrei zu bekommen. Insofern kann selbst ein einfacher Spaziergang, bei dem ein Pferd viel Unbekanntes zu sehen bekommt, Arbeit an der Hand sein. Bei uns hat es sich bewährt, mit jungen Pferden zur Straße zu gehen und ihnen den Straßenverkehr zu zeigen, und zwar nicht nur im Hellen, sondern auch in der Dämmerung und im Dunkeln, da die Lichter der Autos für das Pferd zunächst etwas Neues sind und deshalb eine Gefahrenquelle darstellen. Das Pferd erkennt ja die Lichter zumindest nicht sofort als beleuchtete Autos, sondern muß erst lernen, dies einzuordnen.

Übungen wie »über die Plane Gehen« oder »durch einen Flattervorhang Gehen« gehören ebenfalls in diesen Bereich. Bei diesen Übungen kann es vorkommen, daß ein Pferd wirklich Angst hat weiterzugehen. Gerät man in eine solche Situation, sollte man dem Pferd niemals sein Gesicht zuwenden und es vorwärtsziehen wollen. Erstens steht man dann als Hindernis vor dem Pferd, und zweitens hat man sich selbst von dem fraglichen Furchtobjekt abgewandt und signalisiert somit als Leittier »Rückzug«, also genau das, was das Pferd gerne möchte. So läuft gar nichts mehr, schon gar nicht das Pferd. In solch einer Situation sollte man das Pferd lieber einen Moment stehen und schauen lassen und ihm eine Handvoll Pellets und einen Leckerbissen anbieten, denn ein Pferd, das frißt, entspannt sich; danach kann man mit dem entspannten Pferd von neuem versuchen, das Hindernis zu bewältigen. Wenn es sich wieder nicht von der Stelle bewegt, sollte man ein sicheres Führpferd vorangehen lassen. Natürlich wäre es von Vorteil, wenn das Pferd soviel Vertrauen zu seinem Ausbilder hätte, daß dieser selbst als »Führpferd« dienen könnte.

Viele Pferde mögen es gar nicht, wenn von hinten aus dem Bereich, den sie nicht einsehen können, etwas auf sie zukommt. Um ein Pferd diesbezüglich abzuhärten, kann man durchaus einen Helfer bitten, in geringer Entfernung, jedoch außerhalb der Reichweite der Hinterhufe, hinterherzugehen und dabei einen Besen, einen alten Autoreifen oder einen mit alten Konservendosen gefüllten Sack nachzuschleifen. Sobald das Pferd gelernt hat, diese Übung zu akzeptieren, wird es in der Regel auch ein von hinten kommendes Auto oder Mofa ohne Getue hinnehmen.

Eine andere Möglichkeit, ein Pferd möglichst scheufrei zu machen, ist das Auslappen oder auch Aussacken, eine Methode, die sich bei Westerntrainern

Die beschriebene Übung mit dem Wassereimer wird auch häufiger in Gehorsamsprüfungen verlangt.

sehr bewährt hat. Dabei wird das Pferd am ganzen Körper auf beiden Seiten so lange mit Plastiktüten oder -planen, mit Tüchern und Decken berührt, beklopft und abgerieben, bis es jeden Widerstand und jede Schreckreaktion aufgibt. Anschließend werden am Sattel und am Schweif soviel Tücher und Bänder befestigt wie möglich. So ausgerüstet, wird das Pferd nun longiert, bis es sich ausgetobt hat und jede Gegenwehr und jedes Ausrasten aufgibt. Wichtig ist hierbei, daß man das Pferd bewußt provoziert, ohne ihm aber dabei weh zu tun. – Das Auslappen muß natürlich in einem fest eingezäunten Raum stattfinden.

Zum Schluß soll hier noch kurz das Longieren behandelt werden:

In der hiesigen, traditionellen Reiterei wird in der Ausbildung eines Pferdes meist direkt mit dem Longieren begonnen. Ich halte es jedoch für günstiger, die hier besprochenen Ausbildungsschritte vorher durchzuführen, weil man es dem Pferd und sich selbst leichter macht, wenn es zuvor eine Grundausbildung durchläuft, die es mit der Bedeutung verschiedener Kommandos vertraut macht.

Man sollte immer auf einem abgegrenzten Longierzirkel longieren. Er ist mit Hilfe von Strohballen und Stangen auch auf der Weide leicht herzustellen. Die Zirkellinie, auf der longiert wird, sollte möglichst groß sein. Je kleiner der Kreis ist, desto stärker muß sich das Pferd biegen, wenn es korrekt auf der Kreislinie bleiben soll; ein Ausfallen der Hinterhand wird so provoziert. Bringt man einem Pferd so etwas bei, braucht man sich nicht zu wundern, wenn man im Sattel mit dem gleichen Fehler zu kämpfen hat. Die Longe ist glatt ausgedreht und hält leichten Kontakt zum Pferdemaul. Sie darf weder straff gespannt sein noch locker durchhängen.

Will man das Pferd antreiben, wird das Kommando kurz, aufmunternd mit relativ hoher bzw. ansteigender Stimmlage gegeben, zusätzlich macht man einen Schritt in Richtung auf die Hinterhand und hebt die Peitsche an.

Beim Durchparieren wird die Longe leicht angenommen, die Stimme gibt tief, langgezogen und beruhigend das Kommando, die Peitsche wird gesenkt, eventuell auch unter den Arm genommen, und wenn das Pferd nicht sofort reagiert, macht man einen Schritt in Richtung Pferdekopf, als ob man dem Pferd den Weg abschneiden wollte. Es ist sinnvoll, das Pferd beim Longieren immer auf der Kreislinie anhalten zu lassen und dann zügig zu ihm zu gehen. Niemals sollte man das Pferd ins Kreisinnere kommen lassen oder ihm Lekkerbissen anbieten, weil man damit seine Tendenz, zu einem zu kommen, steigert.

Ganz wichtig ist es auch, darauf zu achten, daß man das Pferd auf beiden Seiten arbeitet. Die schwierige Seite darf auf keinen Fall zu kurz kommen.

Wenn es nur darum geht, das Pferd in freier Selbsthaltung zu bewegen oder es an den Sattel zu gewöhnen, muß es nicht unbedingt ausgebunden werden. Will man aber mit Hilfszügeln arbeiten, dann sollte man sich Rat in der spezielleren Fachliteratur oder bei einem kompetenten Freund holen. Es gibt einfach so viele Möglichkeiten, mit Hilfszügeln zu arbeiten, und auch so viele Möglichkeiten, etwas falsch zu machen, daß es den Rahmen dieses Buches sprengen würde, näher darauf einzugehen.

Veranstaltungen und Treffen

Ausritte

Ein Ausritt in die freie Natur ist wahrscheinlich für jeden Freizeitreiter eines der schönsten Erlebnisse. Dabei sind jedoch einige grundlegende Dinge zu beachten.

Damit man sich im Fall eines Unfalls gegenseitig helfen kann, sollte man möglichst zu zweit oder zu dritt ausreiten. Zur Standardausrüstung eines »Draußenreiters« sollten unbedingt ein Hufkratzer, Telefongeld und die Telefonnummern des Tierarztes sowie eines erreichbaren Helfers gehören. Hat man einen mehrstündigen Ritt vor, empfiehlt es sich, Kartenmaterial im Maßstab 1:25 000 oder 1:50 000 mitzunehmen und anhand dieser Karten die Strecke soweit wie möglich vorzubereiten.

Jeder Ausritt sollte so geplant werden, daß die Pferde nicht überfordert werden und der am wenigsten geübte Reiter nicht durch mangelndes Können in Schwierigkeiten gerät. Dazu gehört, daß sowohl die Länge der Strecke als auch der Schwierigkeitsgrad des Geländes dem Reitvermögen angepaßt wird. Da man vorher nie weiß, ob man gezwungen ist, eine Pause einzulegen, ist es auch bei kürzeren Ritten sinnvoll, ein Halfter oder einen Halsriemen mitzunehmen, damit man das Pferd problemlos anbinden kann. Während der Pause ist zuerst für die Bequemlichkeit des Pferdes zu sorgen, d. h. es wird abgesattelt oder zumindest der Gurt gelockert.

Sind die Pferde während des Rittes ins Schwitzen geraten, sollte man unbedingt rechtzeitig Schritt reiten, damit sie zumindest gut verpustet wieder zu Hause ankommen. Vor allem im Winter muß man diesem Problem verstärkt seine Aufmerksamkeit zuwenden, damit die Tiere nicht zu Schaden kommen. Während dieser Jahreszeit wird wohl der Schritt die vorherrschende Gangart sein. Sind die Pferde doch einmal naß geworden, werden sie sorgfältig mit Stroh abgerieben und anschließend so lange in einem zugfreien Stall gelassen, bis sie trocken sind. Hat man eine Wolldecke zur Hand, kann diese noch zusätzlich gute Dienste leisten, da sie Schweißnässe sehr gut aufnimmt. Im Sommer werden die Pferde nach dem Ritt kurz abgewaschen, um so den Schweiß aus dem Fell zu entfernen, und anschließend, soweit möglich, ins Freie entlassen.

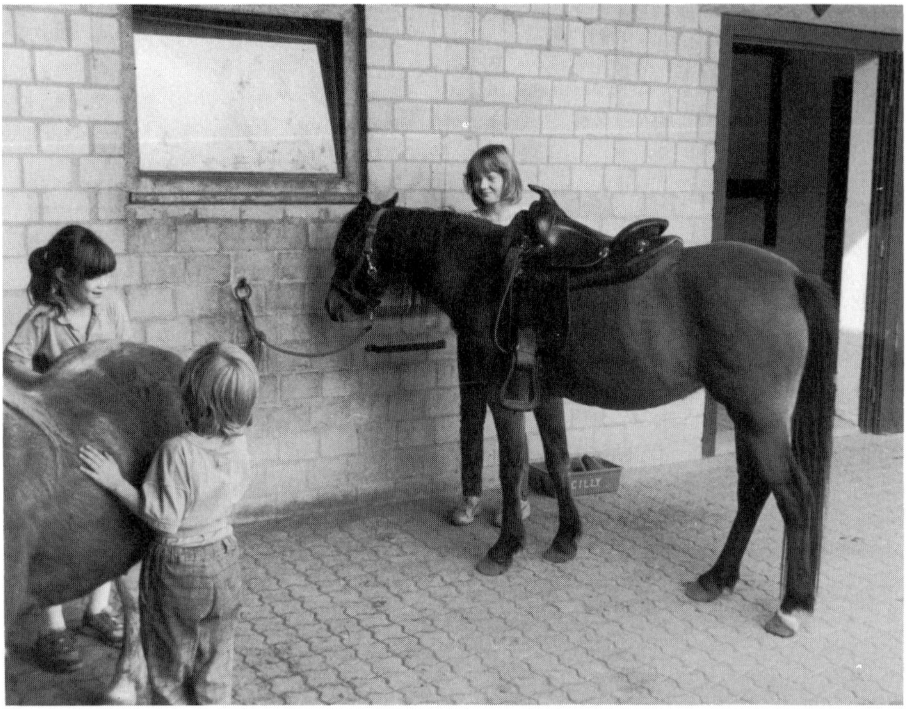

Oben: Sorgfältiges Putzen und Satteln beugt Gurt- und Satteldruck vor.

Rechts: Vor dem Ausritt. Schlecht: der fehlende Kopfschutz.

Damit auf Dauer Pferd und Reiter die Ausritte genießen können, müssen die Vorbereitungen vor dem Ritt sorgfältig durchgeführt werden. Besondere Aufmerksamkeit sollte man daher der Sattel- und der Gurtlage schenken, weil hier Schmutz und verklebte Haare den gefürchteten Sattel- bzw. Gurtdruck hervorrufen können. Satteldecke und Sattel dürfen niemals von hinten nach vorn gezogen werden, da sich dadurch Fellhaare aufrichten und brechen können. Also lassen Sie sich Ihrem Pferd zuliebe Zeit beim Putzen und Satteln und machen Sie es ordentlich!

Wanderritte

Wanderritte führen meist über mehrere Tagesetappen an ein vorher bestimmtes Ziel. Eine der wichtigsten Voraussetzungen für einen schönen, harmonischen Ritt ist ein regelmäßig gerittenes Pferd mit einer ausreichenden Reitkondition. Mindestens in den letzten 6 Wochen vor dem Ritt sollte das Pferd regelmäßig zumindest dreimal in der Woche geritten werden.

Vor dem Ritt wird die Streckenführung anhand möglichst aktueller Karten soweit wie eben machbar ausgearbeitet. Die Quartierfrage und die Versorgung der Pferde werden ebenfalls im voraus abgeklärt. Die Länge der Tagesetappen und ihre Einteilung muß unbedingt dem Konditionszustand der Pferde wie auch der Reiter angepaßt werden. Es macht nämlich absolut keinen Spaß, ständig sein erschöpftes Pferd vorwärtszutreiben oder sich das Murren irgendwelcher Reiterkameraden anzuhören, denen die Fußsohlen brennen oder die ihre Kehrseite überdeutlich spüren – und das u. U. Kilometer um Kilometer und Stunde um Stunde.

Während des Rittes sollte man das Kartenmaterial, mit dem man die Strecke vorgeplant hat, ständig zur Hand haben. Besonders bewährt haben sich Karten im Maßstab 1:25 000 und 1:50 000, wobei solche mit dem Maßstab 1:25 000 genauer sind. Andererseits bieten Karten mit dem Maßstab 1:50 000 dem Betrachter einen wesentlich besseren Überblick als jene mit geringerem Maßstab.

Beim Umgang mit Karten muß man sich leider daran gewöhnen, daß sie meist nach Erscheinen bereits überholt sind; eingezeichnete Graswege können inzwischen zubetoniert oder umgepflügt, einzeln stehende Bäume gefällt oder kurvenreiche Wege begradigt worden sein. Es bedarf also einiger Routine, um Karten richtig zu lesen. Wie man Kartenmaterial praktisch handhabt, wird auf Seite 142 gezeigt.

Wenn man gezwungen ist, sein ganzes Gepäck selbst mitzunehmen, muß man es möglichst gleichmäßig auf dem Pferderücken verteilen, damit das Gleichgewicht des Pferdes nicht gestört wird und keine durch eine ungünstige Lastenverteilung bedingten Rückenprobleme beim Pferd auftreten. Das Gepäck darf nicht direkt an den Pferderücken kommen, deshalb sollte man sich an zwei Dinge erinnern:

1. In der Beschränkung zeigt sich der Meister, und
2. ein Woilach ist als Sattelunterlage für lange Ritte unschlagbar.

Daß am Ziel einer langen Tagesetappe zuerst die Pferde versorgt werden, sollte für jeden Reiter selbstverständlich sein. Pferde sind Futterumstellungen gegenüber empfindlich. Wenn es deshalb irgendwie einzurichten ist, sollte man versuchen, für die Pferde das gewohnte Futter zu beschaffen.

Ein bis zwei Wochen vor einem geplanten Wanderritt sollte man noch einmal die Hufe und den Hufbeschlag kontrollieren lassen. Im übrigen sind alle Empfehlungen, die für Ausritte gelten, in verstärktem Maße auch für Wanderritte gültig.

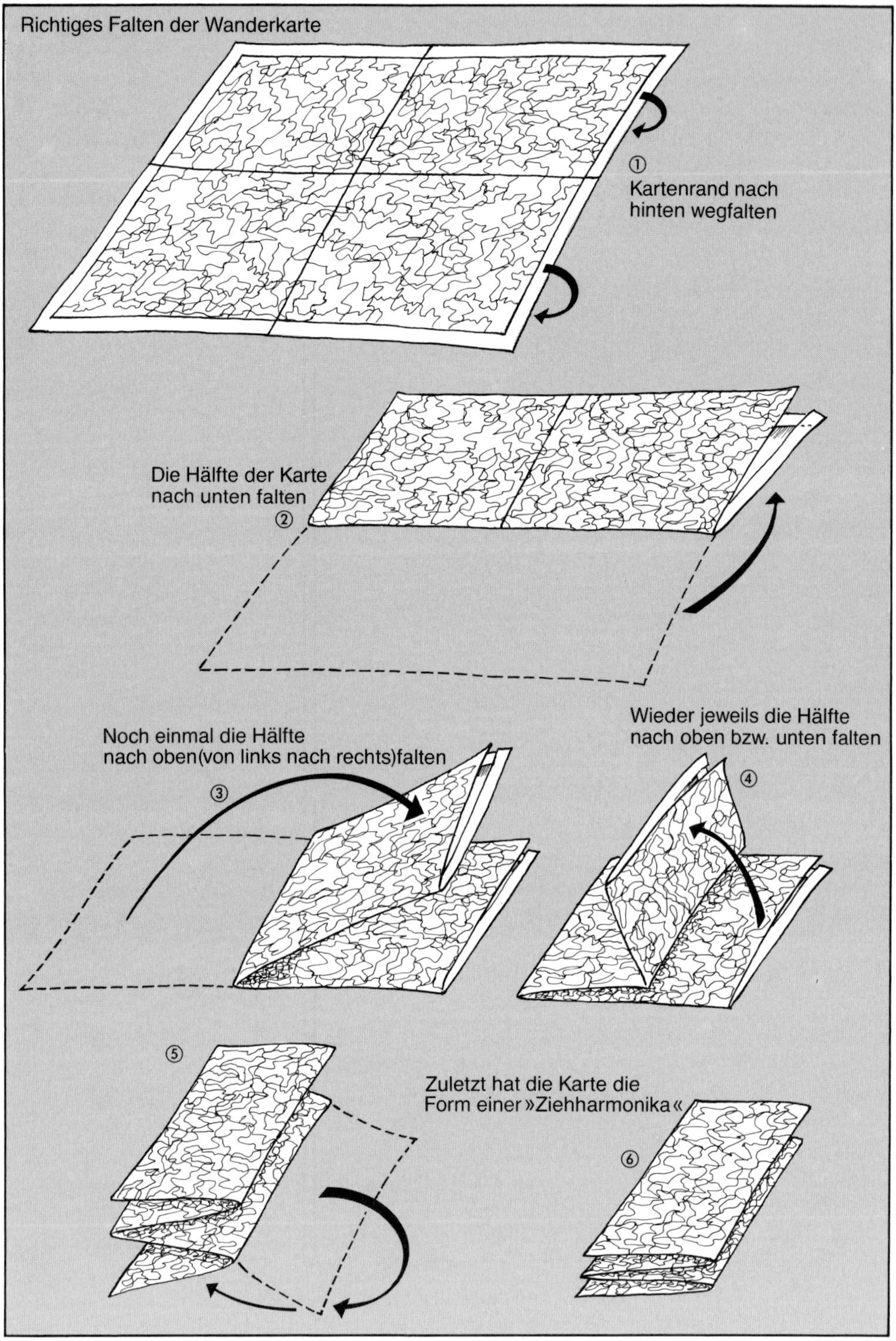
Richtiges Falten der Wanderkarte
①
Kartenrand nach hinten wegfalten
Die Hälfte der Karte nach unten falten
②
Noch einmal die Hälfte nach oben(von links nach rechts)falten
③
Wieder jeweils die Hälfte nach oben bzw. unten falten
④
⑤
Zuletzt hat die Karte die Form einer »Ziehharmonika«
⑥

Sternritte

Bei einem Sternritt treffen sich Reiter aus verschiedenen Richtungen an einem Ziel zu einem gemütlichen Miteinander.
Der einzelne Reiter kann dabei durchaus einen langen, anstrengenden Wanderritt oder auch nur einen kurzen Ausritt hinter sich haben.

Orientierungsritte

Wie der Name schon sagt, geht es bei diesen Ritten darum, sich im Gelände mit Hilfe der Karte und eventuell einem Kompaß zurechtzufinden. Dabei muß eine meist genau vorgegebene Strecke in einer vorgegebenen Zeit abgeritten werden. Orientierungsritte wurden zunächst von den Freizeitreiterorganisationen wie VFD und ETCD angeboten. In letzter Zeit werden sie allerdings auch vermehrt von örtlichen Reitvereinen ausgerichtet.
Normalerweise sind die Strecken, was ihre Länge und ihren Schwierigkeitsgrad angeht, so ausgesucht, daß auch ein weniger geübter Reiter die Strecke bewältigen kann. Kontrollpunkte sorgen für das korrekte Einhalten der Strecke.
Häufig werden bei Orientierungsritten Extraaufgaben gestellt, die weitgehend über eine Placierung entscheiden können. Diese Aufgaben beziehen sich meist auf Bereiche rund ums Pferd oder auch auf botanische und andere örtliche Gegebenheiten.
Die Leistung sollte bei diesen Wettbewerben jedoch nie im Vordergrund stehen. Wichtig sind das kameradschaftliche Miteinander und die Freude an einem schönen Ritt draußen in der Natur bei hoffentlich gutem Wetter.

Distanzritte

Distanzritte sind Ausdauerprüfungen unter tierärztlicher Aufsicht. Um die Jahrhundertwende wurde dieser Sport mit Begeisterung von Kavalleristen betrieben. Eine beliebte Strecke war damals Wien – Budapest, die etwa 300 km lang auch heute wieder eine beliebte Distanzstrecke ist.
Heute unterscheidet man kurze, mittlere und lange Distanzritte. Kurze Ritte haben eine Länge bis zu 50 km, bei Ritten von 50–80 km Länge spricht man von mittleren Distanzritten und ab 80 km aufwärts von langen Distanzritten. Einen langen Distanzritt nach entsprechender Vorbereitung zu reiten bedeutet, knallharten Leistungssport zu betreiben. Diese Ritte sind etwas für Spezialisten und nicht für Freizeitreiter gedacht. Auch mittlere Ritte sind meist

für reine Freizeitreiter noch eine Nummer zu groß.
Anders sieht es mit kurzen Distanzritten aus; sie sind für Freizeitreiter bei entsprechendem Training mit einem gesunden Pferd durchaus zu bewältigen. Auch für einen solchen Ritt sollte sich das Training über mindestens 6 Wochen langsam aufbauen, damit eine plötzliche Überbelastung des Pferdes vermieden wird.
Kurze Distanzritte gehen meist über 40 km, kürzere Ritte ab 25 km Länge gelten als Einführungsritte. In der Mehrzahl der Fälle ist bei normalen Ritten eine Zeit von Tempo 5 vorgegeben, bei Einführungsritten Tempo 6. Tempo 5 bedeutet, man hat 5 Minuten Zeit, um einen Kilometer zurückzulegen. Ein schnelleres Reiten bleibt strafpunktfrei, weil sich der Reiter durch die größere Anstrengung und entsprechend höhere Puls- und Atemwerte (PA-Werte) seines Pferdes selbst bestraft. Langsameres Reiten wird mit Fehlerpunkten bestraft. Wird die Höchstzeit überschritten, scheidet der Teilnehmer aus.
Vor, während und nach dem Ritt wird das Pferd von einem Tierarzt und von sogenannten PA-Helfern betreut. In der Voruntersuchung werden die Puls- und Atemwerte, die Sattel- und Gurtlage sowie der Bewegungsapparat des Pferdes kontrolliert. Während des Rittes darf der Teilnehmer weiter reiten, wenn sein Pferd innerhalb von 10 Minuten die PA-Werte 72/72 erreicht oder unterschreitet. Nach 20 Minuten gelten die Grenzwerte 64/60; werden diese nicht erreicht, erfolgt Ausschluß des Teilnehmers. Im Ziel dürfen die PA-Werte des Pferdes 20 Minuten nach Zieleinlauf die Grenzwerte von 64/60 nicht mehr überschreiten, sonst erfolgt auch hier noch der Ausschluß des Teilnehmers.
Die in der Wertung bleibenden Teilnehmer werden nach Fehlerpunkten placiert. Fehlerpunkte gibt es für Zeitüberschreitung und zu hohe PA-Werte, wobei für jeden Pulsschlag über 40 pro Minute und für jeden Atemzug über 16 pro Minute 10 Minuten nach Zieleinlauf 1 Fehlerpunkt berechnet wird. Zum Vergleich: Normalerweise hat ein Pferd in Ruhe etwa 10–16 Atemzüge und 30–44 Pulsschläge pro Minute. Die Atemzüge sind an den Bewegungen der Nüstern und Flanken abzuzählen. Den Puls fühlt man an der Kieferarterie; dazu legt man Zeige- und Mittelfinger entweder auf die Innenseite des knöchernen Unterkiefers unterhalb der Ganaschen oder auf die Unterseite der Schweifrübe. Den Daumen kann man zum Pulsmessen nicht benutzen, weil er einen eigenen Puls hat.
Zwei Stunden nach Zieleinlauf erfolgt dann die abschließende Tierarztkontrolle.
Diese kurzen Distanzritte geben einen guten Überblick über den Konditions- und Gesundheitszustand des Pferdes. Wann hat man sonst schon einmal eine tierärztliche Kontrolle seines Pferdes unter Belastung?
Voraussetzung für einen solchen Ritt sind ein gesundes und regelmäßig gerittenes Pferd mit ausreichender Laufkondition und die eigene Bereitschaft, sich notfalls nicht an der Sollzeit, sondern an der Höchstzeit zu orientieren. Trotzdem muß man bereits etliche Wochen vor dem Ritt wesentlich mehr als lediglich 1–2 Stunden pro Woche für das Training einplanen, will man dem Pferd gerecht werden.

Geschicklichkeitsprüfungen

Diese Prüfungen finden meist auf einem abgegrenzten Platz statt. Dabei geht es darum, in festgelegten Gangarten bestimmte Hinternisse zu überwinden und Anforderungen zu erfüllen. Häufig sind die Aufgaben aus Trailprüfungen entnommen. Hindernisse wie Wippe, Plane, Brücke, Öffnen und Schließen eines Tores, Luftballonstechen und das Reiten durch einen Flattervorhang kommen oft vor. Neben diesen Aufgaben, die Gehorsam und Nervenstärke verlangen, gibt es viele, die sich auf die Rittigkeit des Pferdes beziehen; dazu gehört beispielsweise das Rückwärtsrichten oder auch das Anlegen eines Zirkels im Galopp.

Diese Prüfungen können sehr unterschiedlich ausfallen. Die vorher beschriebene Arbeit des Pferdes an der Hand bildet auf jeden Fall eine gute Grundlage für eine Teilnahme an solchen Wettbewerben.

Geschicklichkeitsprüfungen geben einen guten Anreiz zur Aus- und Weiterbildung von Reiter und Pferd und eine schöne Gelegenheit, sich im freundschaftlichen Wettkampf zu messen. Leider gibt es auch bei diesen Wettbewerben inzwischen Teilnehmer, die nur auf einen Sieg aus sind und deshalb manchmal die Stimmung ernstlich vermiesen können. Im Vordergrund sollte auch hier der Spaß an der Sache stehen.

Ruhiges, gelassenes Stehen im Treckerreifen als Teil einer Geschicklichkeitsprüfung.

Anhang

Wichtige Adressen für den Freizeitreiter

Organisationen

Deutsche Reiterliche Vereinigung e. V. (FN)
Freiherr-von-Langen-Str. 13
4410 Warendorf 1
Tel.: 0 25 81/63 62 01

Connemara-Pony-Interessengemeinschaft e. V.
Geschäftsstelle: Edith Milleder
Am Brombeerschlag 3
8000 München 70
Tel.: 0 89/7 14 07 94

Erste Westernreiterunion Deutschlands e. V. (EWU)
Rolf Diekwisch
Detmolder-Str. 47
4800 Bielefeld 1
Tel.: 05 21/6 43 90

Erster Trekking-Club Deutschlands e. V. (ETCD)
Im Hohlgarten 14
6382 Friedrichsdorf/Taunus
Tel.: 0 61 75/10 35 oder 5 46

FS-Testzentrum
Frankenstr. 37
4421 Reken 3
Tel.: 0 28 64/24 34
(Schwerpunkte: Ausbildung von Freizeitreitern und Entwicklung und Erprobung von Problemlösungen im Umfeld des Freizeitreitens.)

IG Fjordpferd e. V.
Herr Kleer
Vor dem Hübel 23
6690 St. Wendel
Tel.: 0 68 51/8 18 18

Interessengemeinschaft der Shetlandponyzüchter e. V.
Heinrich Hünneke
Albert-Mertes-Str. 5a
4155 Grefrath
Tel.: 0 21 58/60 24

Interessengemeinschaft für töltende Pferde e. V. (IGT)
Peter-Staffel-Str. 13
5340 Bad Honnef 6
Tel.: 0 22 24/8 00 30

Interessengemeinschaft der
Welsh-Pony und -Cob Züchter e. V.
Irmgard Kötter
Oberstr. 32
3523 Grebenstein
Tel.: 05674/4992

Islandpferde-Reiter- und
Züchterverband e. V. (IPZV)
Tannenwaldallee 49
6380 Bad Homburg
Tel.: 06172/33995

Verband der Züchter des Arabischen
Pferdes e. V.
Herlingsburg 16–18
2000 Hamburg 54
Tel.: 040/565171

Verein Deutscher Distanzreiter
und -fahrer e. V. (VDD)
Baumschule 4–6
4554 Ankum
Tel.: 05462/423

Vereinigung der Freizeitreiter in
Deutschland e. V. (VFD)
Gerhard Fischer
Gördelerstr. 21
6200 Wiesbaden
Tel.: 06121/464399

Auswahl einiger auf Freizeitreiter spezialisierter Ferienhöfe

Fohlenhof Ebbs
Verbandsreit- und Fahrschule
Schloßallee 31
A 6341 Ebbs
(Arbeitet ausschließlich mit Haflingern.)

FS-Testzentrum
Frankenstr. 37
4421 Reken 3
Tel.: 02864/2434

oder

Büro Bruns – z. Hd. Frau Petry
Venusberg 10
5300 Bonn 1
Tel.: 0228/217997

Hauchenberg-Hof
Reitschule für Freizeitreiten
Eisenholz 8
8961 Weitnau
Tel.: 08375/726

Little Horse Ranch
Trainingszentrum für Wander-,
Trail- und Westernreiten
Auf der Burg
8901 Markt Biberbach
Tel.: 08271/5826

Reiterhof Haus Klostern
Ahsener Str. 137
4354 Datteln
Tel.: 02363/53683
(Unterricht für Western- und
Freizeitreiter.)

Rückerhof
5431 Welschneudorf/Westerwald
Tel.: 02608/208

Die folgenden 5 Höfe arbeiten
vorwiegend mit Isländern:

Burgwald-Trekking – Fam. Muth
Am Rödchen 10
3551 Münchhausen Post Simtshausen
Tel.: 06423/7883

Cottage
Marlies Jessen
2278 Nebel auf Amrum
Tel.: 0 46 82/6 59 oder 6 60

Isländerhof Rutenmühle
Fam. Diepold
3044 Neuenkirchen
Tel.: 0 51 95/13 61

Kronshof
Elke und Lothar Schenzel
Ellringen Nr. 16
2121 Dahlenburg
Tel.: 0 58 51/4 20

Reitschule für Freizeit und Sport
Elisabeth Berger
5780 Bestwig-Berlar
Tel.: 0 29 05/12 63

Über folgende Adresse ist ein Katalog zu beziehen, in dem Reiterreisen für nahezu jeden Geschmack und Geldbeutel angeboten werden:

Pferd und Reiter
Schulstr. 5
2000 Braak

Wer sich einen Überblick über Reiterhöfe in der Bundesrepublik Deutschland verschaffen will, sollte sich folgende Broschüre besorgen:

»Urlaub im Sattel«
Ein Führer zu 150 FN-anerkannten Reiterhöfen in Deutschland.
Hrsg.: Deutsche Reiterliche Vereinigung e. V., Warendorf
Preis: 7,80 DM

In Österreich und in der Schweiz geben folgende Stellen Auskunft:

Bundesfachverband für Reiten und Fahren in Österreich
Prinz-Eugen-Str. 14/16a
1040 Wien
Tel.: 02 22/5 05 83 63

Schweizerischer Verband für Pferdesport
Postfach 232
3072 Ostermundigen
Tel.: 0 31/51 56 24

Literaturverzeichnis

Bücher

AHLSWEDE, LUTZ: Pferde füttern und gesunderhalten. Hrsg.: Reiter und Pferde in Westfalen – Magazin für Pferdezucht und Reitsport. Landwirtschaftsverlag GmbH, München–Hiltrup, 1983

AMARAL, ANTHONY: Junge Pferde selber schulen. Albert Müller Verlag, Rüschlikon–Zürich, 1979

BECHER, ROLF: Erfolg mit Longe, Hilfszügel und Gebiß. Eine klassische Lehre. Verlag Paul Parey, Berlin–Hamburg, 1984, 4. Aufl.

BENDER, INGOLF: Robustpferdehaltung: Planung, Realisierung, Praxis. Franckh, Stuttgart 1977

BJARNASON, GUNNAR: Handbuch II: Das Islandpferd im 20. Jahrhundert. Hrsg.: Max Indermaur, Einsiedeln/Schweiz, 1983

BLENDINGER, WILHELM: Psychologie und Verhaltensweisen des Pferdes. Erich Hoffmann Verlag, Heidenheim, 1971, 2. Aufl.

BRAND, JOACHIM: Wanderreiten: Rittplanung, Ausrüstung, Training. BLV Verlagsgesellschaft, München, 1985

BRUNS, URSULA: Mit Pferden richtig umgehen. Humboldt-Taschenbuchverlag Jacobi KG, München, 1982

BRUNS, URSULA: Reiterträume: Mit geliebten Pferden leben. Albert Müller Verlag AG, Rüschlikon–Zürich, 1965

BRUNS, URSULA: Heißgeliebte Islandpferde. Hörnemann Verlag, Bonn, 1988, Neuausgabe

BRUNS, URSULA: Islandponys. Hans Schwarz Verlag, Bayreuth

BRUNS, URSULA: Haflinger, Pferd der Freude. Albert Müller Verlag AG, Rüschlikon–Zürich, 1971

BÜRGER, UDO: Vollendete Reitkunst. Parey, Berlin und Hamburg, 1982, 5. Aufl.

BUURMANN-PAUL, ULRIKE / PAUL, WINFRIED: Der moderne Haflinger: Reinzucht, Arabisierung, Verwendung, Zuchtgebiete. Ahnert-Verlag, Friedberg, 1983

Deutsche Reiterliche Vereinigung e. V. (Hrsg.): Deutsche Reitlehre. FN-Verlag, Warendorf, 1980, 1. Aufl.

Deutsche Reiterliche Vereinigung e. V. (Hrsg.): Leistungsprüfungsordnung. FN-Verlag, Warendorf, 1986

Deutsche Reiterliche Vereinigung e. V. (Hrsg.): Ausbildungs- und Prüfungsordnung. FN-Verlag, Warendorf, 1986

Deutsche Reiterliche Vereinigung e. V. (Hrsg.): Richtlinien für Reiten und Fahren, Band 1: Grundausbildung für Reiter und Pferd. FN-Verlag, Warendorf, 1986, 25. Aufl.

Deutsche Reiterliche Vereinigung e. V. (Hrsg.): Richtlinien für Reiten und Fahren, Band 2: Ausbildung für Fortgeschrittene. FN-Verlag, Warendorf, 1987, 10. neubearbeitete Aufl.

Deutsche Reiterliche Vereinigung e. V. (Hrsg.): Richtlinien für Reiten und Fahren, Band 4: Pferdehaltung. FN-Verlag, Warendorf, 1986, 6. neubearb. Aufl.

Deutsche Reiterliche Vereinigung e. V. (Hrsg.): Richtlinien für Reiten und Fahren, Band 6: Longieren. FN-Verlag, Warendorf, 1987, 1. Aufl.

Deutsche Reiterliche Vereinigung e. V. (Hrsg.): Sportlehre für Reiten, Fahren, Voltigieren. Ausgewählte Beiträge. FN-Verlag, Warendorf, 1982
DIACONT, KERSTIN: Umstellung auf das Westernreiten. Ausbildung von Reiter und Pferd. Ute Kierdorf Verlag, Wipperfürth
DÖMKEN, CARL-HEINZ: Ein Pferdebuch. Engelberg-Verlag, Gebr. Zimmermann GmbH, Balve 1973
EDWARDS, ELWYN HARTLEY: Pferdeausbildung: Von der Weide zum Turnier. BLV Verlagsgesellschaft, München 1988, 4. Aufl.
FELLMER, EBERHARD: Rechtskunde für Pferdehalter und Reiter, Bd. 2: Reiten. Verlag Eugen Ulmer, Stuttgart 1978
GORBRACHT, WERNHER: Reiterspiele, Reiterfeste. Limpert Verlag GmbH, Bad Homburg v. d. H., 1980
GRZIMEK, BERNHARD: Unsere Brüder mit den Krallen: Als ich mit Tigern arbeitete. Verlag Ullstein GmbH, Berlin–Frankfurt–Wien, 1969 6. Aufl.
ISENBÜGEL, EWALD: Ponyparadies Island. Hans Schwarz Verlag, Bayreuth
KAPITZKE, GERHARD / SCHELLACK, JOACHIM: Freizeitreiten. Verlag Paul Parey, Berlin–Hamburg, 1982
KNOPFHART, ALFRED: Grundlagen des Dressurreitens. Verlag Paul Parey, Berlin–Hamburg, 1979, 2. Aufl.
KRAUPA-TUSKANY, HERTA F.: Ponys: Alles Wichtige über Anschaffung, Haltung und Pflege, mit Ratschlägen fürs Reiten und Fahren. Verlag Gräfe und Unzer, München 1983, 1. Aufl.
LUGLI, NEREO (Hrsg.): Pferderassen. Südwest Verlag, München 1974
LUGLI, NEREO (Hrsg.): Rassepferde. Südwest Verlag GmbH u. CoKG, München 1974
MAGNUSSON, SIGURDUR A./ISENBÜGEL, EWALD: Islandpferde. BLV Verlagsgesellschaft, München 1979
MEYER, HELMUT: Pferdefütterung. Verlag Paul Parey, Berlin und Hamburg, 1986
NEINDORF, EGON VON: Kleine Reit- und Fahrlehre. Franckh'sche Verlagshandlung, W. Keller u. Co. Stuttgart, 1975
OELKE, HARDY: Westerntraining. Verlag Ute Kierdorf, Wipperfürth, 1989
PAUL, WINFRIED: Haflinger in Europa, Liebe ohne Grenzen. Ahnert-Verlag, Friedberg, 1988
PHILIPP, WERNER: Alpha-Tier: Verhalten und Rangordnung im Circus. Safari-Verlag, Berlin, 1979
PICK, MAXIMILIAN: Handbuch der Pferdekrankheiten: Ursache, Diagnose, Behandlung. Franckh'sche Verlagshandlung, W. Keller u. Co. Stuttgart, 1983
PODHAJSKY, ALOIS: Die klassische Reitkunst. Rowohlt Taschenbuch Verlag GmbH, Reinbek b. Hamburg, 1980
RÖDDER, FRITZ: Ohne Huf kein Pferd. Albert Müller Verlag, Rüschlikon–Zürich, 1977
ROSTOCK, ANDREA-KATHARINA / FELDMANN, WALTER: Islandpferde Reitlehre. Bad Honnef, 1988, 3. Aufl.
RUDOLF, ERNST: So macht Reitenlernen Spaß. Mosaik Verlag GmbH, München, 1981
SCHÄFER, MICHAEL: Die Sprache des Pferdes: Lebensweise und Ausdrucksformen. Rowohlt Taschenbuch Verlag GmbH, Reinbek b. Hamburg
SCHWEISGUT, OTTO: Haflinger-Pferde. Pinguin Verlag, Innsbruck 1974
SCHWEISGUT, OTTO: Haflinger-Pferde: Ursprung, Zucht und Haltung, weltweite Verbreitung. BLV Verlagsgesellschaft mbH, München 1980

SCHWEISGUT, OTTO: Haflinger-Pferde: Ursprung, Zucht und Haltung, weltweite Verbreitung. BLV Verlagsgesellschaft mbH, München 1980, 2. Aufl. 1988

SCHWÖRER, ANKE: Das Islandpferd: Geschichte, Zucht, Haltung, Sport, Franckh'sche Verlagshandlung, Stuttgart 1988

SEUNIG, WALDEMAR: Von der Koppel bis zur Kapriole. Goverts Krüger Stahlberg Verlag GmbH, Frankfurt 1980 7. Aufl.

STEIGLE, O. G.: Handbuch des Gelände- und Wanderreitens: Haltung und Pflege des Pferdes, Planung und Durchführung von Wanderritten. Franckh'sche Verlagshandlung, Stuttgart 1988, 2. Aufl.

THEIN, PETER u. a.: Handbuch Pferd: Zucht, Haltung, Ausbildung, Sport, Medizin, Recht. BLV Verlagsgesellschaft, München 1986, 2. durchges. Aufl.

UPPENBORN, WILHELM: Ponys. Humboldt-Taschenbuchverlag Jacobi KG, München 1980

WESSEL, VOLKER: Die Pferdekoppel. Verlag J. Neumann-Neudamm, Melsungen 1979

Zeitschriften

Freizeit im Sattel
Verlag Freizeit im Sattel, Bruns und Müller oHG, Bonn, Jahrgänge 1970 bis 1989

Freizeitpferde (früher »Pony«)
Magazin für Reiten, Fahren, Sport und Zucht. Verlag Eugen Ulmer GmbH u. Co., Stuttgart, Jahrgänge 1980–1989

Pferd und Freizeit
Verbandszeitschrift der VFD. Hrsg.: Vereinigung der Freizeitreiter in Deutschland e. V. Wiesbaden

Das Islandpferd
Offizielles Organ des IPZV e. V. Bundesrepublik Deutschland, Bad Homburg, Jahrgänge 1988–1989

Reiter und Pferde in Westfalen
Magazin für Pferdezucht und Pferdesport. Landwirtschaftsverlag GmbH, Münster-Hiltrup, Jahrgänge 1980 bis 1989

Haflinger-Magazin
Hrsg.: Westf. Haflingerverein e. V., Gütersloh, Jahrgänge 1983–1989

Haflinger Pferde
Hrsg.: Haflinger Zuchtverband Tirol, Innsbruck, Jahrgänge 1988 und 1989

Landwirtschaftliches Wochenblatt
Landwirtschaftsverlag Münster-Hiltrup, Jahrgänge 1987–1989

Unser Land
Agrarmagazin für den Nebenerwerbslandwirt und die Bauern in Wald- und Bergregionen. Hrsg.: »Unser Land« Verlagsgesellschaft mbH u. Co. Medien KG, Passau, Jahrgänge 1988 und 1989